DIE REIHE
Archivbilder

FREITAL

AUF DEM WEG ZUR STADT

Die Ansicht von Potschappel zeigt die Dresdner Straße in dörflicher Erscheinung. Die Lessingschule prangt mit ihrem 1889 erfolgten Anbau, die Gebäude des neuen „Goldenen Löwen“ am Weißeritzufer fehlen noch, um 1890.

DIE REIHE
Archivbilder

FREITAL

AUF DEM WEG ZUR STADT

Juliane Puls

SUTTON
VERLAG

Sutton Verlag GmbH
Hochheimer Straße 59
99094 Erfurt
www.suttonverlag.de

ISBN: 978-3-89702-227-0

Druck: Books on Demand GmbH, Norderstedt, Deutschland

Titelbild: Dieses Gefährt des Fuhrwerksbesitzers Witzschas montierte die Oberleitung für die elektrische Straßenbahn durch den Plauenschen Grund. 1902.

Kurz nach Gründung der Stadt am Fuße des Windberges mußte Freital bereits mit den Folgen der Inflation kämpfen. 1923.

Inhaltsverzeichnis

Einleitung		7
1.	Vom Dorfidyll zur Arbeitergemeinde	11
2.	Von Kneipenkultur und Arbeitersport	51
3.	Von Steinkohlengruben und Fabriken	67
4.	Von Schienensträngen und Straßenverkehr	85
5.	Vom „Roten Wien an der Weißeritz“	103

Diese Aufnahme aus den Abendstunden des 30. Juli 1897 zeigt die verheerenden Auswirkungen des Weißeritz-Hochwassers talaufwärts nach Deuben blickend im Bereich Neudöhlen.

Einleitung

Bis in das Elbtal hinein grüßt der 352 m hohe Windberg weithin sichtbar, zu seinen Füßen erstreckt sich Freital. Die im Weißeritztal gelegene Stadt hat eine hervorragende industrielle Entwicklung und eine außergewöhnliche kommunalpolitische Prägung aufzuweisen. Das weite Tal, welches heute den städtischen Ballungsraum Freital birgt, gehörte einst zur Kulturlandschaft Plauenscher Grund. Durch Künstler erlangte dieser im ausgehenden Barockzeitalter bis in die Zeit der Romantik hinein europäischen Rang in der Kunstgeschichte.

Der topografische Terminus des Plauenschen Grundes bezeichnete den bizarren, von der Weißeritz durchflossenen Grund vom Dorf Plauen bis zum Ende des Tales in Tharandt. Diese Begrifflichkeit verlor ihre Bedeutung, als sich mit der Gründung Freitals im Jahre 1921 die drei größten Gemeinden des Plauenschen Grundes vereinigten. Über 20 Orte unterschiedlicher Größe nahm die Stadt Freital nach und nach in ihren Schoß auf. Das heutige Stadtgebiet umfaßt die Gemarkungen von Birkigt, Burgk, Cossmannsdorf, Deuben, Döhlen, Eckersdorf, Hainsberg, Kleinnaundorf, Kohlsdorf, Niederhäslich, Niederhermsdorf, Niederpesterwitz, Oberpesterwitz, Potschappel, Saalhausen, Schweinsdorf, Somsdorf, Weißig, Wurgwitz, Zauckerode und Zschiedge.

Der Weg von den dörflichen Ansiedlungen voller einsamer Romantik zum Industriestandort mit Fördertürmen und Fabrikschloten wurde im Plauenschen Grund in weniger als einem Jahrhundert beschritten. Die durch den heimischen Steinkohlenbergbau beschleunigte Industrialisierung des Weißeritztales führte zu einer Bevölkerungsexplosion, die wiederum den Weg zur Stadtgründung ebnete. Die weite Weißeritzaue bot vor vielen Jahrhunderten hervorragende Siedlungsmöglichkeiten. Diese natürliche Gunst und die Nähe der landesherrschaftlichen Machtzentren nutzend, gründeten anfangs slawische Zuwanderer, später auch Niedersachsen und Franken im Plauenschen Grunde dörfliche Anwesen. Auch die erste quellenkundliche Erwähnung von Dresden im Jahre 1206 steht in enger historischer Verknüpfung mit dem Plauenschen Grund. Aus dessen Rittergütern wurden Adelsherren zur Bezeugung eines Streitfalles nach der damals noch kleinen Burganlage an der Elbe gerufen. Die Gemeinden Potschappel, Wurgwitz und Döhlen blicken deshalb im Jahre 2006, im 85. Jahr des Bestehens der Stadt Freital, auf eine 800jährige Geschichte zurück.

Noch bevor das 14. Jahrhundert zu Ende ging, waren viele uns heute bekannte Orte auf Stadtflur erstmals urkundlich erwähnt. Unsere Vorfahren betrieben Ackerbau, Obstanbau, Viehzucht, Fischerei, Winzerei und Müllerei. Die ersten urkundlichen Erwähnungen für den Steinkohlenbergbau finden sich im Jahre 1542. Der Beginn primitiven bäuerlichen Abbaus ist jedoch um

Jahrzehnte früher anzusetzen. Der in den Jahren 1503 und 1507 erfolgte Erwerb der Rittergüter Zauckerode und Burgk durch bergbaukundige Adelsgeschlechter ist ein deutliches Indiz dafür. Jene Urkunden von 1542, ausgestellt von Herzog Moritz kurz nach Einrichtung einer ersten zentralen Bergbehörde in Freiberg, verdeutlichen die frühen landesherrlichen Interessen am hiesigen Bergbau. Die für Hans Biener, einen herzoglichen Beamten, ausgestellte Urkunde sollte dem Landesherren die Grubenfelder sichern. Das wenige Wochen später eingeklagte Privileg mit einer Abbau-Konzessionierung der Rittergutsbesitzer von Burgk und Potschappel gab diesen ihr grundherrschaftliches Steinkohlenbaurecht zurück. Diese frühkapitalistischen Ränke um die Steinkohle begründeten sich in zunehmender Holzknappheit, die vorrangig die landesherrlichen Schmelzhütten betraf, sowie in der Anwendung der Schieferkohle zur Produktion kostbaren Alauns. In den nachfolgenden zwei Jahrhunderten wurde der Steinkohlenbergbau durch gezielten Erwerb bergbaukundiger Besitzerdynastien auf den Rittergütern Potschappel, Zauckerode mit Döhlen sowie Burgk ausgedehnt und technisch vervollkommnet.

An der Schwelle zum 19. Jahrhundert bot das Weißeritztal noch ein malerisches Bild. So wohnten in Deuben, verteilt auf 19 Gehöfte, 115 Menschen oder in den 50 Potschappler Anwesen 350 Personen. Der aufstrebende Steinkohlenbergbau des Plauenschen Grundes wurde zum Katalysator des industriellen Fortschrittes. Die 1806 gegründeten Königlichen Steinkohlenwerke Zauckerode und die seit 1819 bestehenden Freiherrlich von Burgkschen Steinkohlen- und Eisenhüttenwerke begünstigten die technische und infrastrukturelle Entwicklung. Sie lieferten die energetische Grundlage nachfolgender Unternehmen und forcierten die Ansiedlung zahlreicher Maschinenbau-Fabriken. Das heutige Freitaler Stadtgebiet lockte fortan Unternehmer, Techniker und Lohnarbeiter an. Die Ansiedlung von Fabriken auf der nach der größten Ortschaft benannten Steinkohlenlagerstätte Döhlener Becken zerstörte rasch die Weltabgeschiedenheit des Grundes.

Die Ansicht zeigt die nach derzeitigem Wissensstand älteste erhaltene Fotografie des Plauenschen Grundes, um 1870.

Innerhalb weniger Jahrzehnte kam es zur Ansiedlung der Friedrichshütte (Glasfabrik) 1820, der Reichardschen Fabrik pharmazeutisch und technisch-chemischer Präparate 1821, der Lattermannschen Dampfkesselfabrik 1829, der Türkischrot-Garnfärberei Römer 1836, der Thodeschen Papierfabrik 1839, der Berndtschen Samtfabrik 1844 und der Maschinenbau-Anstalt Petzold 1853. Die Romantik des Plauenschen Grundes wich dem industriellen Ballungsraum, der zugleich verächtlich wie bewundernd als „Tal der Arbeit" bezeichnet wurde. Befördert durch den Bau der Albertbahn, einer anfangs privaten normalspurigen Eisenbahnverbindung zwischen Dresden und Tharandt, siedelten sich in der zweiten Hälfte des 19. Jahrhunderts weitere Fabriken an. Wichtigstes Unternehmen jener Zeit und zugleich Motor der fortschreitenden Industrialisierung wurde die 1855 gegründete Sächsische Gußstahlfabrik Döhlen bei Dresden. Zur Stahlproduktion gesellten sich der Maschinenbau und die metallverarbeitende Industrie. Stellvertretend für diese zweite Phase der wirtschaftlichen Entwicklung des heutigen Freitaler Raumes seien die Gründung der Feilenfabrik Mehlhose 1860, der Porzellanfabrik Thieme 1872, der Kammgarnspinnerei Dietel & Schmitt 1880 und der Lederfabrik Sohre 1893 genannt.

Nach Beginn des 20. Jahrhunderts umfaßte das Spektrum der Gewerbe des Plauenschen Grundes alle nur denkbaren Bereiche vom Apparatebau, der chemischen und Bauindustrie über Nahrungs- und Genußmittelproduktion sowie Papierherstellung bis hin zur Fertigung von Kosmetika oder künstlichen Blumen. In jenem Zeitraum waren die bedeutendsten Firmengründungen die Bombastus-Werke 1906, die Werkzeugmaschinenfabrik Fischer und die RUMBO-Seifenwerke 1910, die WELTA-Kamerawerke 1914 sowie die Hainsberger Metallwerke 1916. Eine statistische Erhebung des Jahres 1927 gibt für das damals wesentlich kleinere Stadtgebiet Freitals 396 gewerbliche Unternehmen an. Die Spannbreite der Statistik reichte vom großen Bergbaubetrieb bis zur kleinsten Eckkneipe und bezifferte zugleich die Beschäftigten auf 11.318 Erwerbstätige. Nachdem der Steinkohlenbergbau den Anstoß zur Industrialisierung der Region gegeben hatte, trat er selbst zusehends in den Hintergrund. Trotz steigender Fördermengen verlor das Revier im gesamtdeutschen Maßstab aufgrund rasch schwindender Kohlereserven stetig an Bedeutung. Nach dem Ersten Weltkrieg und der folgenden Kohlenabsatzkrise konnten nur wenige Schachtanlagen in Förderung gehalten werden. Die Freiherrlich von Burgkschen Steinkohlenwerke stellten 1930 die Gewinnung ein, zahlreiche kleinere Aktiengesellschaften beendeten bereits zuvor den Betrieb. Die ehemals Königlichen Steinkohlenwerke konnten, seit 1918 als staatliches Werk und später als Teilbetrieb der AG Sächsische Werke (ASW) geführt, über beide Weltkriege hinweg eingeschränkt weiter fördern. Wenn auch bis 1959 auf Freitaler Stadtflur Steinkohlenbergbau betrieben wurde, so sank die Bedeutung des Montanwesens nach der Blütezeit im 19. Jahrhundert in den nachfolgenden Dezennien, währenddessen die Industrie des „Tales der Arbeit" Ansehen gewann.

Bereits seit 1895, ausgehend von der bevölkerungsreichsten Gemeinde Deuben (1910: 11.009 Einwohner), gab es seitens unterschiedlicher Interessenvertreter Bestrebungen, die Ortschaften des Plauenschen Grundes zur Stadt zu vereinigen. Von bürgerlichen und privatwirtschaftlich orientierten Lobbys wiederholt unterbunden und durch den Ausbruch des Ersten Weltkrieges verhindert, fanden die eigentlichen Vorverhandlungen zur Stadtgründung erst im Jahre 1919 ihren Beginn. Befördert wurde diese Entwicklung durch die neuen politischen Gegebenheiten nach der Novemberrevolution. Das in den Revolutionstagen erkämpfte freie Wahlrecht für alle, ermöglichte den Einzug von Arbeiterparteien in die Gemeinderäte. Das zugehörige Wählerpotential wurde als proletarisch, industriell und evangelisch eingestuft – genau dies traf für große Teile der Bevölkerung des Plauenschen Grundes zu. Die neuen, mehrheitlich links orientierten Gemeinderatsmitglieder traten fortan vehement für den Stadtgründungsgedanken ein. Durch eine von Deuben, Döhlen und Potschappel paritätisch besetzte Vereinigungskommission wurden Verfassungs-, Finanz- und Bauprobleme der zukünftigen Stadt in verschiedenen Ausschüssen behandelt. Ein gemeinsamer Haushaltsplan und ein Ortsgrundgesetz, welches später durch eine Verfassung abgelöst wurde, bildeten den rechtlichen Rahmen der zu gründenden Stadt.

Im örtlichen Tageblatt „Glückauf" wurde ein öffentlicher Wettbewerb zur Namengebung des Gemeinwesens ausgeschrieben. Sowohl politisch hintergründige Namenvorschläge wie Ehebruchshausen, Liebknechtshausen, Elendstadt oder Hungerstadt wurden eingereicht als auch Phantasieschöpfungen wie Dreidörferstadt, Kohlenfels, Deudöpo oder Mausestadt. Der bei der Stimmenzählung ermittelte Sieger „Weißeritz" konnte sich, wie wir heute wissen, nicht durchsetzen. Der von unabhängiger Seite durch den Bergarbeitersohn und späteren Stadtrat Hermann Henker vorgeschlagene Name „Freital" erhielt schließlich das Votum. Diese Bezeichnung für die Stadt im Plauenschen Grund wurde eindeutig mit politischem Hintergrund gewählt – Freies Tal – symbolträchtiger konnte der Name nicht sein. Die am 1. Oktober 1921 in den Lauf der Geschichte eingetretene, überwiegend von Sozialdemokraten geführte Arbeiterstadt, deren politische Regie im Zweikammersystem dem Stadtrat und Stadtverordnetenkollegium oblag, entwickelte sich zur Musterkommune. Die für jene Zeit außerordentlich fortschrittliche Kommunalpolitik mit einem hervorragenden Wohlfahrts- und Fürsorgewesen brachte Freital weit über die Stadtgrenzen hinausgehende Anerkennung ein.

Jenen Jahren während der Weimarer Republik, in denen man voller Stolz in Anlehnung an den von Arbeiterräten in Österreichs Hauptstadt Wien geschaffenen Kommunalsozialismus vom „Roten Wien an der Weißeritz" sprach, ist im vorliegendem Buch ein separates Kapitel gewidmet. Mit den 200 Fotografien dieser Publikation, welche den Zeitraum zwischen etwa 1870 und 1930 beleuchten, soll sowohl für „Alteingesessene" wie auch für „Zuzügler" des heutigen Freital das Werden und Wachsen der Stadt am Fuße des Windberges deutlicher gemacht werden. Zugleich möchte diese Veröffentlichung mit ihren Ansichten, welche sämtlich den Beständen der Städtischen Sammlungen Freital angehören, zur Beschäftigung mit der interessanten Chronik der noch jungen Stadt im Plauenschen Grunde anregen. Dieses kurzweilige Buch versucht, dem allzu oft und unverdient verbreiteten Vorurteil entgegenzutreten, Freital sei eine düstere Industriestadt. Die grünen Höhen rings um das Weißeritztal, der Windberg, der Rabenauer Grund und nicht zuletzt die bemerkenswerte Geschichte machen den Reiz der einstigen Bergarbeiter- und Stahlwerkerstadt Freital in der heutigen Zeit aus.

1

Vom Dorfidyll zur Arbeitergemeinde

Das Gebäude in der Dresdner Straße 85 wurde im Jahre 1872 von August Maul, einem ehemaligen Bergmann, errichtet. In Erinnerung an seinen Beruf ließ der Hausbesitzer einige Jahre später durch den kunstfertigen Bergarbeiter Gottlieb Nake einen in das typische schwarze Habit gekleideten Steinkohlenbergmann zum Schmuck des Gebäudes anfertigen. 1898.

Das markante Gebäude der neu errichteten Potschappler Glückauf-Apotheke bestimmt diesen Blick in die Dresdner Straße, an der der Rathausneubau und die Straßenbahngleise noch fehlen, um 1900.

Diese als Apothekenhäuser bezeichneten Potschappler Anwesen mußten für den 1903 erfolgten Rathausbau weichen. Die von alters her darin befindliche Apotheke war in einen Neubau wenige Meter straßenaufwärts umgezogen, um 1900.

Der durch zunehmende Industrialisierung erfolgte Zuzug von Fabrikarbeitern in den Plauenschen Grund verursachte einen enormen Zuwachs an Kirchgemeinde-Mitgliedern. Die Gotteshäuser von Döhlen und Pesterwitz, seit alters her die einzigen Kirchen der Gegend, reichten nicht mehr aus. In Deuben und Potschappel entstanden deshalb große neue Kirchen. Das Sakralgebäude von Potschappel konnte, durch erhebliche Spendenmittel finanziert, ab 1875 gebaut werden. Das belebte Geschehen an der Kantstraße nahe der 1877 geweihten Emmauskirche in Potschappel zeigt die Aufnahme von etwa 1910.

Die erste 1850 errichtete Niederpesterwitzer Schule wurde aufgrund des zahlreichen Zuzuges von Bergarbeiterfamilien rasch zu eng. Der folgende, vom Jugendstil geprägte Schulneubau wurde, wie das Foto von der Weihe zeigt, 1907 bezogen.

Dieses interessante Foto zeigt den beschrankten Bahnübergang zur Porzellanmanufaktur in Potschappel. Die hölzerne Behelfsbrücke ermöglichte Fußgängern das gefahrlose Passieren der Gleisanlagen, vor 1905.

Das 1875 eingeweihte Potschappler Schulhaus, seit Stadtgründung Lessingschule genannt, war das dritte Schulgebäude des aufstrebenden Industriedorfes, um 1885.

Anläßlich des Festes zum 50jährigen Bestehen der Potschappler Schule nahm dieses Ziegengefährt am Festzug im Jahre 1925 teil.

Den Potschappler Markt mit Dorfschmiede und Böhmerscher Schmiedeschänke von 1873 zeigt die Aufnahme von etwa 1915. Die hölzerne Rittergutsbrücke diente lange Zeit als einzige Weißeritzüberquerung in Potschappel dem Fahr- und Fußgängerverkehr.

Die Potschappler Rittergutsbrücke wurde durch das 1897er Hochwasser beschädigt, kurz darauf abgebrochen und neu aufgebaut. Sie war bis zur Neuordnung des Potschappler Marktes und der Fertigstellung der Brücke Coschützer Straße im Jahre 1960 in Betrieb. Das Bild datiert um 1898.

Die Wassergasse, heute Uferstraße, repräsentierte Potschappels uralten Dorfanger, der jedoch durch die Unbilden des 1897er Hochwassers stark in Mitleidenschaft gezogen wurde. 1901 entstand dieses Foto.

Mit der Neubebauung des rechten Weißeritzufers in Potschappel und dem Ufermauerbau mußten die letzten Höfe der Wassergasse im Jahre 1901 weichen.

Auf heutiger Freitaler Flur kam es 1878 auf Initiative von Handwerksmeistern, Bergarbeitern und Kleingewerbetreibenden zur Gründung des sogenannten Konsumvereines im Plauenschen Grund. Eine der frühen Verkaufsstellen befand sich an der Ecke Dresdner Straße/Oberpesterwitzer Straße, um 1902.

Der Gedanke einer Verbrauchergenossenschaft fand im „Tal der Arbeit“ bei den einkommensschwachen Arbeiterfamilien regen Widerhall. Das 1927 an altbekannter Stelle eingeweihte, modernst ausgestattete Konsum-Geschäft wurde als „Trutzburg der Arbeiterschaft“ gefeiert.

Der Gasthof „Zum Goldenen Löwen" war eine bereits seit dem Ausgang des 18. Jahrhunderts bekannte Lokalität im Plauenschen Grunde, die in jedem Reiseführer genannt wurde. Das am linken Bildrand sichtbare Nebengebäude erscheint in der Abbildung unten auf der rechten Seite. Beide Fotografien entstanden 1907.

Der Blick schweift frei über Wiederitz, Weißeritz und Nebengebäude des Potschappler Rittergutes bis zur heutigen Coschützer Straße. In der Baulücke entstand 1912 das moderne, neue Restaurant „Zum Goldenen Löwen".

Das Hahmannsche Haus mit dem Kinderwagengeschäft „Binneberg“ an der Einmündung der Turnerstraße bestimmte durch die markante Straßenverengung lange Zeit das Bild der Dresdner Straße, um 1925.

Die Situation an der Einmündung der Turnerstraße wurde mit dem 1938 erfolgten Neubau der Girozentrale Sachsen und einer kleinen Grünanlage neu gestaltet, um 1940.

Bei den Bauarbeiten für das Geldinstitut Girozentrale Sachsen wurde zugleich das gesamte Gebiet abwassertechnisch neu geplant. Der bereits 1907 verlegte Wiederitzbach mußte teilweise neu verrohrt werden. Durch den Abriß der alten Eckbebauung konnte die Dresdner Straße, dem gewachsenen Verkehrsaufkommen entsprechend, gleichmäßig verbreitert werden. Heute befindet sich auf dem kleinen Platz an der Turnerstraße der bekannte, von einem Freitaler Künstler gestaltete sogenannte Kopfwasch-Brunnen, um 1938.

Der Gasthof in Birkigt wurde 1898 von K.H. Mehlhorn als Konzert- und Ballhaus erbaut. Bei dem Luftangriff auf Birkigt am 24. August 1944, bei dem 241 Menschen ums Leben kamen, wurde er völlig zerstört. 1911.

Der alte Dorfkern Birkigts befand sich an der Gitterseer Straße. Die Gebäude rechts der Straße wichen modernen Hallen einer Verpackungsmaschinenfirma, die Gehöfte zur Linken wurden nach 1990 durch Einfamilienhäuser verdrängt, um 1920.

Bevor Birkigt im Jahre 1923 zur Stadt Freital eingemeindet wurde, ließ sich die scheidende Gemeindevertretung letztmalig vor dem Gemeindeamt ablichten. Das Gebäude beherbergte zwischen 1876 und 1898 die Schule des Dorfes.

Unter Einbeziehung eines Staugewässers errichtete Hermann Hänsch 1893 eine Badeanstalt mit Sprungturm. Das beliebte Bad direkt an der Windbergbahntrasse wurde die Trainingsstätte des Schwimmklubs „Pfeil", um 1923.

Das abseits gelegene Kleinnaundorf blieb bis heute dörflich geprägt. Größter Arbeitgeber waren die Freiherrlich von Burgker Steinkohlenwerke mit dem Segen-Gottes-Schacht, um 1910.

Die Feier und der Festumzug zum 800-jährigen Bestehen des kleinen Dorfes Kleinnaundorf begeisterte Schaulustige aus Nah und Fern. 1952.

Eine enorme Schlagwetterexplosion (Methangasentzündung) erschütterte den Segen-Gottes-Schacht und Neuhoffnungs-Schacht der Freiherrlich von Burgkschen Steinkohlenwerke am 2. August 1869. Die sterblichen Überreste der dabei ums Leben gekommenen 276 Bergleute fanden in einem Massengrab in Kleinnaundorf nahe der Unglücksschächte ihre letzte Ruhe. Verzweifelt beweinten über 1.100 Witwen und Waisen ihren Ernährer. Ein Jahr nach der Bergwerkskatastrophe wurde diese würdige Gedenkstätte auf dem Windberg geweiht, um 1875.

Der untere Teil des Niederhäslicher Dorfplatzes war durch das markante Fachwerkhaus von Schirmers Mühle gekennzeichnet, um 1920.

Anläßlich des Richtfestes des Niederhäslicher Rathauses fand ein prächtiger Umzug statt. Die Einweihung des Kommunalgebäudes erfolgte im Jahre 1901.

An der Poisentalstraße in Niederhäslich befand sich bis 1901 dieses winzige Häuschen des Schusters Eichhorn, scherzhaft auch Schuster-Villa genannt, um 1900.

Dieser Blick auf die 1877 eingeweihte Niederhäslicher Poisenschule und die dörfliche Idylle im Tal des Poisenbaches entstand um 1920.

Das alte, noch bis 1880 bestehende Kirchengebäude, dessen Erbauung laut einer Inschrifttafel auf 1587 datiert wurde, zeigt diese Döhlener Ansicht. Um das Gotteshaus scharten sich mit dem Pfarramt, dem Gemeindeamt und der Schule die wichtigsten Anlaufpunkte der Bewohner Döhlens, um 1880.

Ein als Rote Mühle bezeichnetes Gehöft wurde bereits 1596 in den Döhlener Kirchbüchern verzeichnet. Das Mahlwerk der 1937 abgebrochenen Mühle an der Ecke Dresdner Straße/Burgker Straße stammte aus den Jahre 1773, um 1930.

Im Vordergrund ist auf Neudöhlener Flur das heute rekonstruierte Wohnhaus der Familie des Chemikers und Ballonfahrers Prof. C.J.G. Reichard und seiner Frau Wilhelmine zu erkennen. 1937.

Anläßlich eines Döhlener Schulfestes im Jahre 1930 marschierten diese ernsthaften kleinen Feuerwehrmänner auf.

Bei dem gleichen Fest zogen Osterhasen den mit Zuckertüten geschmückten Wagen der Frühlingsfee, um an den Beginn des Schuljahres im zweiten Quartal zu erinnern. 1930.

Die Ansicht des Döhlener Dorfkernes entstand etwa 1890 und präsentiert stolz die 1881 neoromanisch umgebaute Kirche. Am rechten Bildrand findet sich das Gemeindeamt und links die seit 1859 arbeitende Gerlachsche Brauerei, die aus einer 1842 gegründeten Sudstätte des Kammergutes Döhlen hervorging. Erst im Jahre 1806 waren das bis dahin in privater Hand befindliche Rittergut und die zugehörigen Kohlenfelder durch Kauf zum sächsischen Fiskus gelangt. Das sächsische Königshaus beteiligte sich durch die Gründung der Königlichen Steinkohlenwerke Zauckerode, zu denen auch die Döhlener Kohlenfelder zählten, am aufstrebenden Bergbau des Plauenschen Grundes.

Die dem Stadtgedanken unfreundlich gesonnene Gemeinde Döhlen ließ in den Jahren 1914/15 ein repräsentatives Rathaus errichten und betonte damit die eigenen Unabhängigkeitsbestrebungen, um 1925.

Aus der Schachtstraße auf die Dresdner Straße blickend, zeigt das Foto die für das geplante Freitaler Zentrum abgebrochenen Gebäude der Drogerie Hauptmann und des Konsumvereins des Glaswerkes Siemens, um 1923.

Das zum Döhlener Weinberg gehörige Winzerhaus wurde seit 1814, als der fiskalische Bergbau zahlreiche erzgebirgische Bergleute nach Döhlen lockte, zeitweise von 84 Personen als Notquartier bewohnt, um 1920.

Als eines der frühen geistlichen Zentren im Plauenschen Grund besaß Döhlen zugleich auch amtsrichterliche Gewalt. Diese Beamten des Döhlener Amtsgerichtes traten für ein Abschiedsfoto um 1915 vor ihrer Dienststelle an.

Mit dem Umbau eines großen Wohnhauses im bergbaulich geprägten Dorf Burgk waren diese Maurer beschäftigt. Sie präsentieren ihre Arbeitsgeräte voller Stolz auf ihr körperlich schweres Handwerk, um 1910.

Das Burgker Rathaus wurde in Folge des Zusammenschlusses von Groß- und Kleinburgk in den Jahren 1918/1919 errichtet. Im Giebelfeld versinnbildlicht ein das Gemeindewappen haltender Bergmann den jahrhundertealten Burgker Steinkohlenabbau, um 1920.

Bei dem Besuch des Königs Friedrich August von Sachsen im Plauenschen Grund empfingen 1905 auf dem Windberg Forstleute der Freiherrlich von Burgkschen Steinkohlenwerke den hohen Gast.

Dieses Denkmal und eine junge Linde wurden 1871 anläßlich des Friedensschlusses nach dem Deutsch-Französischen Krieg und des 80. Geburtstages des Freiherrn von Burgk durch die Gemeinde Burgk geweiht, um 1871.

Das Zauckerodaer Gut befand sich seit der Gründung der Königlichen Steinkohlenwerke Zauckerode 1806 in Staatsbesitz. Nach 1945 wich das abgebildete Kammergut Neubauernhöfen, nach 1970 wurden an dieser Stelle Hochhäuser errichtet, um 1910.

Nahe der Wiederitz befanden sich die Zauckerodaer Drescherhäuser. Die darin wohnenden Gutsarbeiter wurden, des Getreidedrusches wegen, Drescher genannt. Sie wanderten meist aus Böhmen, Mähren oder Schlesien zu, um 1930.

Das Wurgwitzer Gut befand sich bis 1881 im Besitz der Familie Brendel, welche seit Jahrhunderten Steinkohlenbergbau betrieb. Das Bild zeigt das Gesindehaus des Gutes mit einem Uhrenerker, um 1920.

Zum Wurgwitzer Rittergut gehörte ein Winzerhaus von 1808. Mit dem Reblausbefall von 1898 ging der Weinbau fast im gesamten Plauenschen Grund zu Ende. In der Folge verfiel auch die Wurgwitzer Winzerei, sie wurde 1950 abgerissen, um 1910.

Am Weißiger Segelflugplatz. Der Arbeiterwohnort Weißig vereinigte sich 1919 mit Unterweißig und war vor der NS-Zeit stark sozialdemokratisch orientiert. Diese Aufnahme von 1938 zeigt die modellflugbegeisterte Jugend.

Die sogenannte Korrektionsanstalt zur Besserung Arbeitsscheuer, Erziehung verwahrloster und verwaister Kinder war 1882 gegründet worden. Zusammen mit dem 1906 errichteten Krug-von-Nidda-Verpfleghaus ging das Heim 1921 in Stadtbesitz, um 1910.

Entsetzt schauten diese Menschen im dichtbesiedelten Deuben nach dem Rückgang der Fluten auf die ungeheuren Zerstörungen, die das Hochwasser vom 30. Juli 1897 im Plauenschen Grund hinterließ.

Lebensgefährliche Rettungsaktionen von Menschen und Tieren sowie die Aufräumarbeiten nach dem Hochwasser des Sommers 1897 übernahmen Pioniertrupps der Sächsischen Armee, wie hier an einer Behelfsbrücke nahe der Schulstraße in Deuben.

Als Ort mit dem größten Bevölkerungswachstum sah sich Deuben innerhalb von 60 Jahren gezwungen, fünf jeweils größere Schulgebäude zu errichten – hier eine der Baustellen. 1899.

Die drei frühesten Deubener Schulen vereint dieses Foto von etwa 1890. Das vordere und kleinste Schulhaus wurden 1845, das mittlere 1861 und das hintere 1873 erbaut.

Das neue Gebäude des Kaiserlichen Postamtes Deuben wurde neben zahlreichen kleinen Postagenturen in anderen Gemeinden im Jahre 1900 zum modernsten Postamtsgebäude im Plauenschen Grund. Die Telegrafenanlage auf dem Dach des Hauses, an welches bis heute die Bezeichnung Poststraße erinnert, zeugt vom eifrigen Einsatz des neuen Nachrichten-Übertragungssystems, um 1910.

Dieses Erinnerungsfoto der Frauensteinschen Bäckerei, unmittelbar neben dem Deubener Straßenbahndepot gelegen, entstand im Jahre 1903, vor dem Abriß des alten und während des Baus des noch heute erhaltenen mehrstöckigen neuen Gebäudes.

Die Einweihung des König-Albert-Denkmals im gleichnamigen zuvor fertiggestellten Park mit Teich, Grünanlagen und Bedürfnisanstalt fand 1904 statt. Nach Verwahrlosung und Demontage des Denkmals erlebte der Deubener Park 1996 eine Wiederbelebung.

Die nach Plänen des Architekten Piper erbaute Christuskirche wurde 1869 geweiht. Mit ihrem Kirchenschiff für 1.200 Gemeindemitglieder sollte das Gebäude nach außen hin die gewachsene Bedeutung des bevölkerungsreichen Ortes Deuben repräsentieren, um 1890.

Als Arbeiterwohnort mit 4.360 Einwohnern im Jahre 1871 sah sich Deuben 1888 genötigt, ein repräsentatives Rathaus zu errichten. Interessant sind die Litfaßsäule mit Uhr und die noch unbefestigte Dresdner Straße, um 1890.

Der seit 1877 bestehende Egersche Mühlenbetrieb erhielt 1897 modernes Gepräge. Die einheitliche Industriearchitektur der Stadtbild bestimmenden Egermühle stammt aus der Zeit zwischen 1904 und 1916. Um 1910.

Das Freitaler Stadtbad wurde 1895 als Augusta-Bad unter Leitung des Deubener Bürgers Krull eröffnet. Nach der Stadtgründung ging das Bad in kommunalen Besitz über, um 1925.

Das Deubener Augusta-Bad hatte anfangs zwischen 5.00 Uhr und 22.00 Uhr geöffnet. Besonders die Duschen und Wannenbäder wurden von der Bevölkerung freudig angenommen, da die hygienischen Zustände der proletarischen Wohnsiedlungen sehr mangelhaft waren. Die Schwimmhalle öffnete für Damen und Herren zu getrennten Zeiten. Die Badenutzung am Vormittag war wesentlich teurer als in den späten Abendstunden. Dadurch wurde eine standesgemäße Differenzierung der Schwimmer und Badnutzer erreicht. Das abgebildete Werbeplakat entstand etwa 1910.

Das Krönert-Stift wurde 1892 als Koch- und Haushaltsschule eingeweiht. Die finanzielle Absicherung erhielt das Stift vom 1849er Revolutionär Krönert, der nach seiner Flucht in die Schweiz zu Vermögen gelangte, um 1920.

Als Krönerts Tochter Daura zur Welt kam, stiftete er seinem Heimatort Deuben Geld zur Finanzierung einer Kochschule und eines seit 1895 regelmäßig stattfindenden Daura-Festes. Im Bild das Fest von 1901.

Als die neue Straße nach Somsdorf gebaut wurde, mußte zur Überbrückung des Mühlgrabens der Hainsberger Walzenmühle im Jahre 1905 dieses Gewölbe errichtet werden.

Die heutige Hoffnungskirche wurde 1900 als letzter großer Sakralbau des Plauenschen Grundes in der aufstrebenden Industriegemeinde Hainsberg erbaut, um 1905.

Dem seit 1552 urkundlich bekannten Pesterwitzer Weinanbau ist dieses Winzerhaus aus dem 19. Jahrhundert zuzuordnen. Nach Verwahrlosung wurde es 1971 abgerissen und in ähnlicher Kubatur neu gebaut, um 1910.

Diese Ansicht von 1889 zeigt das bis 1915 selbständige Dorf Niederpesterwitz und das 1795 auf der Anhöhe errichtete, weithin sichtbare Weinbergshaus „Juché-Schlößchen“.

Das 1068 erstmals erwähnte Pesterwitz war Mittelpunkt einer großen Parochie und besaß nacheinander vier Kirchenbauten. Das abgebildete, bis 1906 genutzte dritte Gotteshaus versah seinen Dienst am längsten und wurde um 1475 erbaut, um 1890.

Das Pesterwitzer Vorwerk gehörte seit alters her zum Rittergutsbezirk. Das Anwesen wurde auch Niederer Hof genannt. Noch heute werden die Gebäude für einen Bauernmarkt genutzt, um 1889.

Bei dieser Ansicht des Pesterwitzer Dorfplatzes von 1878 mit Rittergut und Kirche fällt die bewußt gewählte Ähnlichkeit der beiden Türme des Gotteshauses und des Gerichtsherrschafts-Gebäudes ins Auge.

Landwirtschaft, Obst- und Weinanbau gehörten seit Jahrhunderten zu den Erwerbszweigen der Pesterwitzer. Der Blick von der Winzerei hinüber zum Burgwartsberg entstand 1914.

2
Von Kneipenkultur und Arbeitersport

Das Körnersche Gasthaus, im Volksmund Gifthütte genannt, wurde 1733 erbaut und brannte 1888 nieder. Später wurde an jener Stelle das Gasthaus „Wettinburg" errichtet, dessen Gebäude sich noch heute an der Ecke Dresdner Straße/Krönertstraße befindet, um 1880.

Der alte Gasthof „Zum Goldenen Löwen“ wurde 1909 abgerissen. An jener Stelle in Potschappel existierte bereits seit dem 18. Jahrhundert eine Schänke, wie alte schriftliche Quellen beweisen. 1907.

Das neue Etablissement „Zum Goldenen Löwen“ wurde unter Gottlob Käppler wenige Meter weißeritzabwärts im Jahre 1912 eröffnet. Ausgestattet mit großem Saal, Kegelbahn und Stehbierhalle erlangte dieses Lokal überregionale Bedeutung, um 1935. Der Ballsaalanbau dieses traditionsbehafteten Lokals wurde in Folge des Hochwassers von 2002 im Jahr 2004 abgerissen.

Das „Büttnersche Restaurant" wurde 1811 als Schänke gegenüber vom Potschappler Markt eröffnet. Mit Billardtischen versehen, entwickelte sich ein beliebter Bürgertreff, um 1890.

Anstelle des „Büttnerschen Restaurants" wurde 1908 ein prächtiges Wohnhaus errichtet. Darin etablierte sich das „Bürgercasino" des Kellners Max Franke. Heute befindet sich im Erdgeschoß eine Bäckerei, um 1910.

Die „Bäckerherberge“, Heimstatt von Bäckerburschen auf Gesellentour, befand sich an der Poisentalstraße nahe dem Sachsenplatz. Später entstand an jener Stelle das Gasthaus „Deutsche Eiche“. 1897.

Die Besitzer der Deubener Ziegelei Zechel & Hänsel richteten auf einer Anhöhe den Aussichtspunkt „Zechels Höhe“ ein. Dieser entwickelte sich in den Jahren zwischen 1879 und 1919 zu einem beliebten Ausflugslokal mit Karussell und Schießhalle, um 1910.

Die Kinematografie zog frühzeitig in den Plauenschen Grund ein, und geschäftstüchtige Unternehmer erhofften sich mit der Sensation des neuen Mediums gute Gewinne. Das erste Kino eröffnete am 20. November 1906 in Deuben unter dem Namen „Dedrophon-Theater" seine Pforten. In Potschappel gab es seit dem 6. Juni 1908 das „Metropol-Theater" und am 8. Juni 1908 kam das „Centraltheater lebender Photographien" hinzu. Dieses wurde im Schafstall des Potschappler Rittergutes eingerichtet. Es wurde berichtet, daß sich die Besucher weder vom Stallgeruch noch von den zahlreichen Flöhen das Seh-Erlebnis verderben ließen. 1908.

Der Döhlener „Gasthof zur rothen Schänke“ wurde bereits im Jahre 1763 an der Dresdner Straße und heutigen Einmündung zur Lutherstraße errichtet. Im Jahre 1912 wurde das traditionsreiche Gebäude wegen eines Neubaues abgerissen, um 1910.

An gleicher Stelle als „Döhlener Hof“ erbaut, wurde das Restaurant mit seinem Saal, ähnlich dem „Goldenen Löwen“, oft zum Brennpunkt politischer Veranstaltungen der Arbeiterschaft. Nach einem Brand entstand an Stelle des hinteren Gebäudeteils im Jahre 1952 das „Stadtkulturhaus“, um 1930.

Der Gasthof „Zum Steiger“ wurde 1801 vom Steiger Halm der Königlichen Steinkohlenwerke am Mundloch des im Bau befindlichen Tiefen Weißeritzstollns gebaut. Die Postkarte zeigt den Zustand von etwa 1900, wobei die Eisenbahn die Straße noch ebenerdig kreuzte.

Den „Steiger“ umgibt bis heute die Fama von der Flucht Richard Wagners über jenen Ort nach der Revolution von 1849. Ein 1927 aufgestelltes Wagner-Denkmal sollte den Glauben daran aufrecht erhalten und den Gästeandrang im Lokal befördern, um 1940.

Freital
wird
Weltstadt

denn es kommt nach Freital Sarrasani mit seiner „Schönsten Schau zweier Welten", mit einer 25000 qm großen Zeltstadt, mit 192 Autolastzügen, mit 600 Männern und Frauen aller Rassen, Farben, Nationen, mit 471 Tieren aller Zonen.

Es kommen, magnetisch angezogen, aus der ganzen Umgegend Hunderttausende Fremder infolge des Sarrasani-Gastspieles nach Freital, zur Freude der einheimischen Geschäftswelt, der sie erheblichen Geldzustrom bringen.

27.11.1928

In Freital während der Sarrasani-Woche zu erwarten mindestens

120000

Fremde, kauflustig, kaufkräftig, aus der ganzen Umgegend.

SARRASANI

Im November des Jahres 1928 meldeten die örtliche Tageszeitung „Glückauf" und zahlreiche Plakate ein Gastspiel des weltbekannten Dresdner Zirkus „Sarrasani". Die begeisterten Menschen strömten aus der gesamten Region dem Chapiteau im Plauenschen Grunde zu.

Die Stadt am Fuße des Windberges zeigte mit den erleuchteten Zirkuszelten des „Sarrasani“ weltstädtisches Nachtleben. Der Zirkus hatte seine Zelte auf dem Neumarkt aufgeschlagen: links im Dunkel das Städtische Finanzamt, rechts am Rande beleuchteten die Schaufenster des Stadthauses einen Zirkuswagen. Der erhoffte Geldzustrom für die Geschäftswelt Freitals blieb jedoch aufgrund der auch unter den zugereisten Gästen allseits angespannten Wirtschaftslage aus.

Die Traditionen des Arbeitersportes reichen im Plauenschen Grund weit zurück. Der älteste Turnverein wurde 1847 in Potschappel gegründet und bestand auch nach der Stadtgründung als Arbeiter-Turn- und Sport-Verein Freital fort. Diese Aufnahme von 1907 zeigt ein Gauturnfest, welches auf den Deubener Wiesen hinter der Egermühle stattfand.

Diese Herrenturnriege zeigte ihr Können auf dem damals noch unbebauten Gelände zwischen Weißeritz und Dresdner Straße. Im Hintergrund ist der „Döhlener Hof" zu erkennen, um 1920.

Die Einweihungsfeier des Platzes des „Sportclubs 04" im heutigen „Stadion des Friedens" fand 1928 mit einem Fußballturnier statt. Die Burgker Straße folgte noch ihrem alten Verlauf und war dicht mit Obstbäumen bestanden.

Seit 1850 durfte auf dem Potschappler Markt laut kreishauptmannschaftlicher Genehmigung ein Viktualienmarkt, seit 1862 zusätzlich ein Christmarkt abgehalten werden. Einige Jahrzehnte später wurde auch auswärtigen Händlern erlaubt, ihre Waren feilzubieten. Damit lebte die Jahrmarktkultur im Plauenschen Grund auf, die sich zunehmend ausdehnte. Bevorzugte Standorte dieser Märkte mit Volksbelustigungen waren der Platz am Gasthof „Zum Steiger" in Potschappel und seit 1925, wie hier im Bild zu sehen, die Neudöhlener Weißeritzauen zwischen der heutigen Reichardstraße und der Deubener Straße.

Die Saubergturnhalle der Potschappler Lessingschule wurde 1926 erbaut. Im Vordergrund ist das Geländer der Brücke über dem tieferliegenden Abzweig der Schmalspurbahn Potschappel–Wilsdruf zu erkennen. 1926.

Der Bau des Sportplatzes des traditionsreichen Arbeiter-Turn- und Sport-Vereins auf Niederpeserwitzer Flur fand unter erheblichen Eigenleistungen der späteren Nutzer statt, um 1920.

Dieser Hochsprungwettbewerb im Rahmen der Freitaler Sportwoche 1924 fand auf dem neu eingerichteten Niederpesterwitzer Sportplatz statt.

Eine Veranstaltung mit unzähligen Sportlern von Turnvereinen aus der gesamten Region faszinierte innerhalb der 1924 durchgeführten Sportwoche des Publikum besonders.

Der als Freier Turn- und Sportverein Potschappel gegründete Arbeiter-Turn- und Sport-Verein Freital war nur einer von insgesamt zehn Vereinen der sportbegeisterten jungen Stadt. In einer Statistik nennt die Stadt am Fuße des Windberges für 1924 eine bespielbare Stadionfläche von 110.000 m^2 ihr eigen – 3 m^2 pro Einwohner. Der Turn- und Sportpark Niederpesterwitz wurde 1924 der Öffentlichkeit übergeben. Seine Tribünen boten 5.000 Zuschauern Platz, und er zählte mit seinem Spielfeld zu den modernsten Plätzen der Region.

Die Arbeiterjugend des Sportvereins Freital traf sich an der heutigen Coschützer Straße am Gasthof „Zur frohen Schicht“ zu einer Nachtwanderung nach Saalhausen, um 1922.

Diese Radfahrer starteten 1924 auf der Wilsdruffer Straße an der Einmündung zur Dresdner Straße vor dem Restaurant „Kippenhahn“, später „Wilsdruffer Eck“, zu einem 50-km-Radrennen.

3

Von Steinkohlengruben und Fabriken

Die Stahlerzeugung in Döhlen kann unter elf verschiedenen Firmennamen eine lange Tradition nachweisen. Das abgebildete Hüttenwerk wurde 1855 als Sächsische Gußstahlfabrik bei Dresden durch die Herren Nesselrode, einem Fachmann der Kruppschen Stahlwerke, und Steudemann, einem Dresdner Kaufmann, und Trautscholdt, einem Experten der Einsiedelschen Eisenhüttenwerke, gegründet. Bis in die heutige Zeit werden an jenem Ort durch die Sächsischen Edelstahlwerke vor allem Sonderstähle produziert. Die Aufnahme zeigt die Fabrik im Jahre 1893.

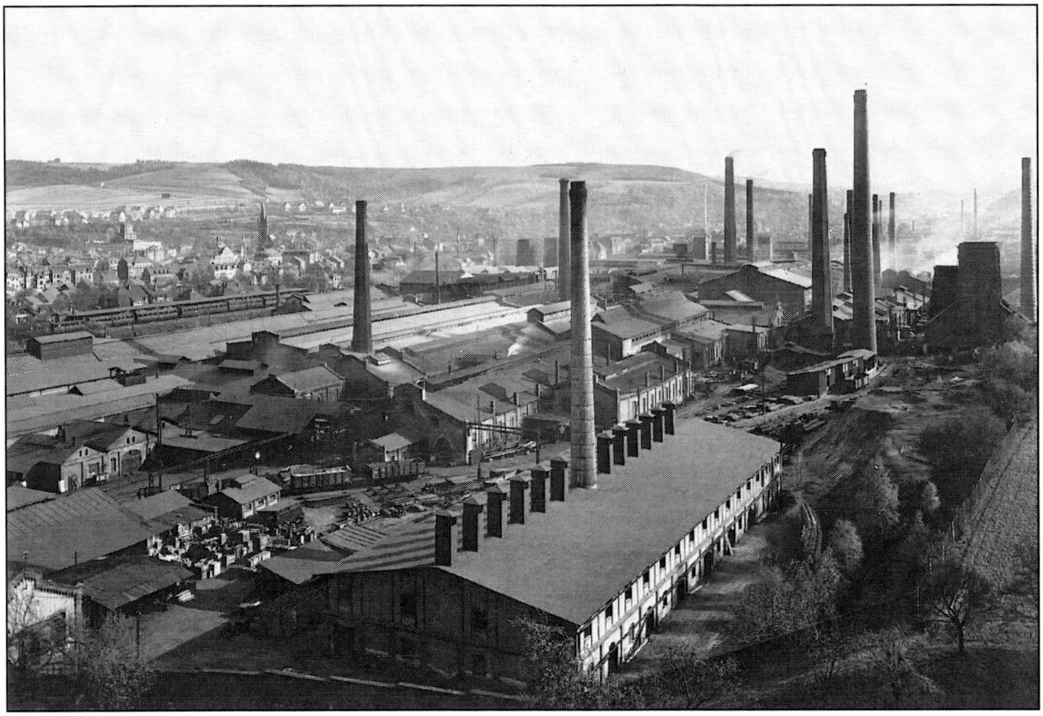

Freital wurde auch das „Tal der 100 Schornsteine“ genannt, was diese Aufnahme des Geländes der Sächsischen Gußstahlwerke Döhlen AG von 1934 eindrücklich belegt.

Im Frühjahr 1905 absolvierte König Friedrich August von Sachsen ein Besuchsprogramm in den Industriebetrieben des Plauenschen Grundes. Die Aufnahme zeigt den Empfang in der Sächsichen Gußstahlfabrik AG Döhlen bei Dresden. Einhundert Jahre nach der Aufnahme dieser Fotografie wurde das markante Gebäude abgerissen.

Die Aufnahme von etwa 1935 entstand im Stahlwerk der Sächsischen Gußstahlwerke Döhlen AG und demonstriert das Chargieren der Siemens-Martin-Öfen.

Nach dem Schmelzprozeß schloß sich die Herstellung von Blockstahl durch Kokillenguß an, wie diese Aufnahme aus den 1940er Jahren zeigt.

Die Arbeiter der Schmiede der Sächsischen Gußstahlfabrik AG Döhlen bei Dresden präsentieren vor der Fabrikationshalle stehend stolz ihre Werkzeuge und einige ihrer Produkte. 1899.

Zur weiteren Formgebung durchliefen die Stahlhalbzeuge die Schmiede des Döhlener Werkes. Diese Innenansicht zeigt den größten Dampfhammer des Unternehmens, welcher zur Bearbeitung stark dimensionierter Blockstähle diente. 1932.

Seit 1804 wurde die Glasherstellung auf Steinkohlenbasis im Plauenschen Grund heimisch. Am heutigen Standort in Döhlen von 1820 an präsent, wechselten die Glaswerksbesitzer oft. Unter Friedrich Siemens' Leitung wurde die Fabrik ab 1871 modernisiert. Die Aufnahme zeigt eine Flaschenmaschine, um 1910.

Das Luftbild von 1927 zeigt die AG für Glasindustrie, vormals Friedrich Siemens, Dresden. Interessant sind die freien Flächen links der Dresdner Straße sowie der zum Teil verschüttete Mühlgraben, der zur Reichardschen Fabrik und Potschappler Obermühle weiterführte.

Die Porzellanfabrikation wurde 1872 mit der Sächsischen Porzellanfabrik Potschappel von Carl Thieme im Weißeritztal etabliert. Diese Aufnahme zeigt die Manufaktur kurz nach der Übernahme durch Thiemes nahen Verwandten Carl Kuntsch im Jahre 1896.

Der fundierten Ausbildung der handwerklichen Fertigkeiten von Fachpersonal wurde in der Porzellanmanufaktur größter Wert beigemessen. Das Foto zeigt junge Porzellanarbeiter um 1908.

Aus der 1842 angelegten Döhlener Rittergutsbrauerei entwickelte sich ab 1859 unter Hermann Gerlach eine bekannte Braustätte. Bereits 1880 war der Produktionsausstoß so groß, daß die Bierfässer mit der Eisenbahn ausgeliefert wurden. 1939.

Die Döhlener Brauerei Gerlach füllte seit 1928 ihren Gerstensaft auch in Flaschen ab. Das heute verkaufte Dunkelbier „Schwarzer Steiger" hat Entstehung und Namen dem langjährigen Döhlener Brauort, an dem seit 1990 nicht mehr produziert wird, zu verdanken. 1939.

Die 1923 gegründeten Freitaler Kamerawerke und die 1914 entstandenen WELTA-Kamerawerke bestimmten mit ihren Produkten die Fotografica-Entwicklung in Deutschland mit. Hier eine Aufnahme des WELTA-Gebäudes an der heutigen Leßkestraße von 1926.

Der Blick in Richtung des Rabenauer Grundes zeigt die 1880 in Cossmansdorf gegründete Kammgarnspinnerei Dietel & Schmitt. Heute befindet sich in den nach 1883 stark erweiterten Spinnereihallen ein Einkaufszentrum, um 1900.

In unmittelbarer Nachbarschaft der Papierfabrik wurden 1916 die Hainsberger Metallwerke gegründet. Besonders bekannt wurden die Fahrräder der Marke „HAINATIO" – Hainsberg National. Werbung um 1920.

Das Einspeichen der Fahrräder in den Hainsberger Metallwerken erfolgte in der Anfangszeit der Fabrik von Hand und war ausschließliche Frauenarbeit, um 1920.

Diese Luftaufnahme um 1930 zeigt die Papierfabrik Hainsberg. Als Holzschleiferei und Strohstoffabrik 1836 von C. Michael angelegt, hieß sie ab 1842 Thodesche Papierfabrik und produziert bis heute.

Die Papierproduktion war von alters her feuergefährlich. Die Aufnahme von 1905 zeigt die werkseigene Feuerwehr der 1857 zur Aktiengesellschaft umstrukturierten Hainsberger Papierfabrik.

In den 1874 gegenüber vom Hainsberger Bahnhof errichteten Lorenz-Werken wurden über viele Jahrzehnte, vorrangig in Handarbeit, feuerfeste Werkstoffe und Gefäße wie Graphitschmelztiegel gefertigt, um 1910.

Nahe des heutigen Hainsberger Bahnhofes gründeten 1837 die Gebrüder Römer eine Türkischrot-Garnfärberei. Unter dem Namen Römer und dem Mammut-Schutzsiegel wurden später Schmelztiegel produziert. Im Foto rechts die Alte Schmelze, um 1900.

Neben den verschiedenen Industriezweigen prägte den Plauenschen Grund und seine Bewohner seit Jahrhunderten vor allem der Steinkohlenbergbau mit seinen Schachtanlagen und Halden. Diese untertägige Aufnahme einer Steinkohlengrube von etwa 1910 zeigt das Einnehmen der Mahlzeiten durch Bergleute vor Ort. Der im Hintergrund stehende Kalfaktor versorgte die Mannschaft mit Trinkwasser. Beachtenswert bei dieser Aufnahme ist die Sitzweise des vorderen Bergmannes auf zwei Schwarten (Holz für Grubenausbau), welche bis heute gebräuchlich ist.

Diese Mannschaft des Königlichen Steinkohlenwerkes Zauckerode auf dem Königin-Carola-Schacht in Döhlen wurde mit der bis ins 20. Jahrhundert hinein üblichen offenen Geleuchtart, der sogenannten Blende, um 1880 aufgenommen.

Die Uniformierung der Steinkohlenbergleute begann im Plauenschen Grund im Jahre 1821. Beamtenschaft und Berufssparten unterschieden sich durch Ausstattungsmerkmale. Diese Beamten gehörten um 1900 dem Königlichen Steinkohlenwerk Zauckerode an.

Die seltene Aufnahme von etwa 1915 zeigt einen über Tage stattfindenden Übungseinsatz der Grubenwehr des Königlichen Steinkohlenwerkes Zauckerode am Oppelschacht.

Während der gleichen Übung wurde probeweise ein Bergmann in den Schleifkorb, eine bergmännische Krankentrage, gelegt. Beachtlich sind die frühen elektrischen Geleuchte des Trupps sowie die noch halboffenen Atemgeräte.

Die für ihre Zeit moderne Doppelschachtanlage Königin-Carola-Schacht 1/2 des Königlichen Steinkohlenwerkes Zauckerode wurde zwischen 1872 und 1876 geteuft und war mit Vollendung der Dampfförderanlage ab 1879 bereit zur Förderung. Die Döhlener Wäsche sorgte im Tal, angeschlossen durch einen übertägigen Kettenförderberg, für die Weiterverarbeitung der gewonnenen Steinkohle. Die Förderung dieser seit 1948 Paul-Berndt-Grube genannten Schachtanlage wurde 1959 eingestellt. Damit ging zugleich der seit dem 16. Jahrhundert auf der Lagerstätte umgehende Bergbau auf Freitaler Stadtflur zu Ende, um 1940.

Die Arbeitsnorm eines Bergmannes wurde im sogenannten Gedinge in Form eines bestimmten Arbeitsquantums in einer festgelegten Zeitspanne, unter Berücksichtigung der Flözlagerungsverhältnisse, vom Steiger vorgeschrieben. Bei der Aufnahme von 1890 nahm im Grubenfeld des Segen-Gottes-Schachtes der Freiherrlich von Burgkschen Steinkohlenwerke Obersteiger Freiberg das Gedinge ab. Noch bis zur Einstellung der Förderung der von Burgkschen Steinkohlenwerke im Jahre 1930 fuhr die Mannschaft teilweise mit den bei dieser Aufnahme sichtbaren Blenden an.

Zum ersten Zentrum des Königlichen Steinkohlenwerkes Zauckerode entwickelte sich die Doppelschachtanlage Oppelschacht 1/2 seit 1833. Diese Aufnahme zeigt die Zauckeroder Schachtanlage im Jahre der Einstellung der Förderung 1927.

Die erste elektrische Grubenlok der Welt wurde 1882 von Siemens & Halske, Berlin, gebaut. Als Ersatz für die bis dahin übliche Pferdeförderung kam diese Lok im Oppelschacht zum Einsatz. Die Aufnahme zeigt die Lok bereits in umgebautem Zustand, um 1893.

Der Augustus-Schacht (1846–1893) der Freiherrlich von Burgkschen Steinkohlenwerke befand sich am Windberghang, das Gelände der Aufbereitungsanlagen lag am linken Weißeritzufer. Diese Aufnahme zeigt die damalige Zufahrt und heutige Lesskestraße im Jahre 1882.

Die untertägige Streckenförderung der Steinkohlengruben wurde im Plauenschen Grund ab Mitte des 19. Jahrhunderts mittels hölzerner, später eiserner Hunte bis zum Einsatz von Elektroenergie durch Menschen-, später Pferdekraft bewältigt, 1893.

4
Von Schienensträngen und Straßenverkehr

Der Landwirtschaftsarbeiter Hermann Witzschas gründete 1872 auf der Deubener Feldstraße ein Transportunternehmen. Neben Lastfuhren wurden Hochzeitsfahrten und Leichentransporte angeboten. Zu besten Zeiten gehörten 22 Pferde, 57 Lastkraftwagen, 4 Kutschwagen, 3 Leichenwagen und 8 Möbelwagen zum Unternehmen, welches bereits 1919 völlig motorisiert war. Spezialtransporte bis zu 50.000 kg, hier im Bild ein Kesseltransport von etwa 1890, zählten auch zum Leistungsspektrum des Fuhrunternehmens.

Die Transportfirma von Gustav Döring arbeitete als Bahnamtliches Rollfuhrunternehmen eng mit der Deutschen Reichsbahn zusammen und übernahm die verschiedensten Umschlagleistungen, um 1930.

Der gebürtige Saydaer Bruno Brückner gründete seine Firma 1900 mit einem Pferdewagen. Als Transport- und Lagerhaus bestand 1939 der größte Wagenpark mit acht LKW, einem PKW sowie zahlreichen Pferdewagen und Zugpferden, um 1950.

Im Jahr der Stadtgründung Freitals meldete Walter Vollkomm ein Droschken- und Mietwagenunternehmen an. Die Aufnahme zeigt eines der ersten Pferdegeschirre im Jahr der Firmengründung 1921.

Einige Jahre später betrieb Vollkomm als Nebengeschäft einen Kohlehandel und erweiterte sein Transportunternehmen durch öffentlichen Omnibusverkehr und Gesellschaftsfahrten, um 1930.

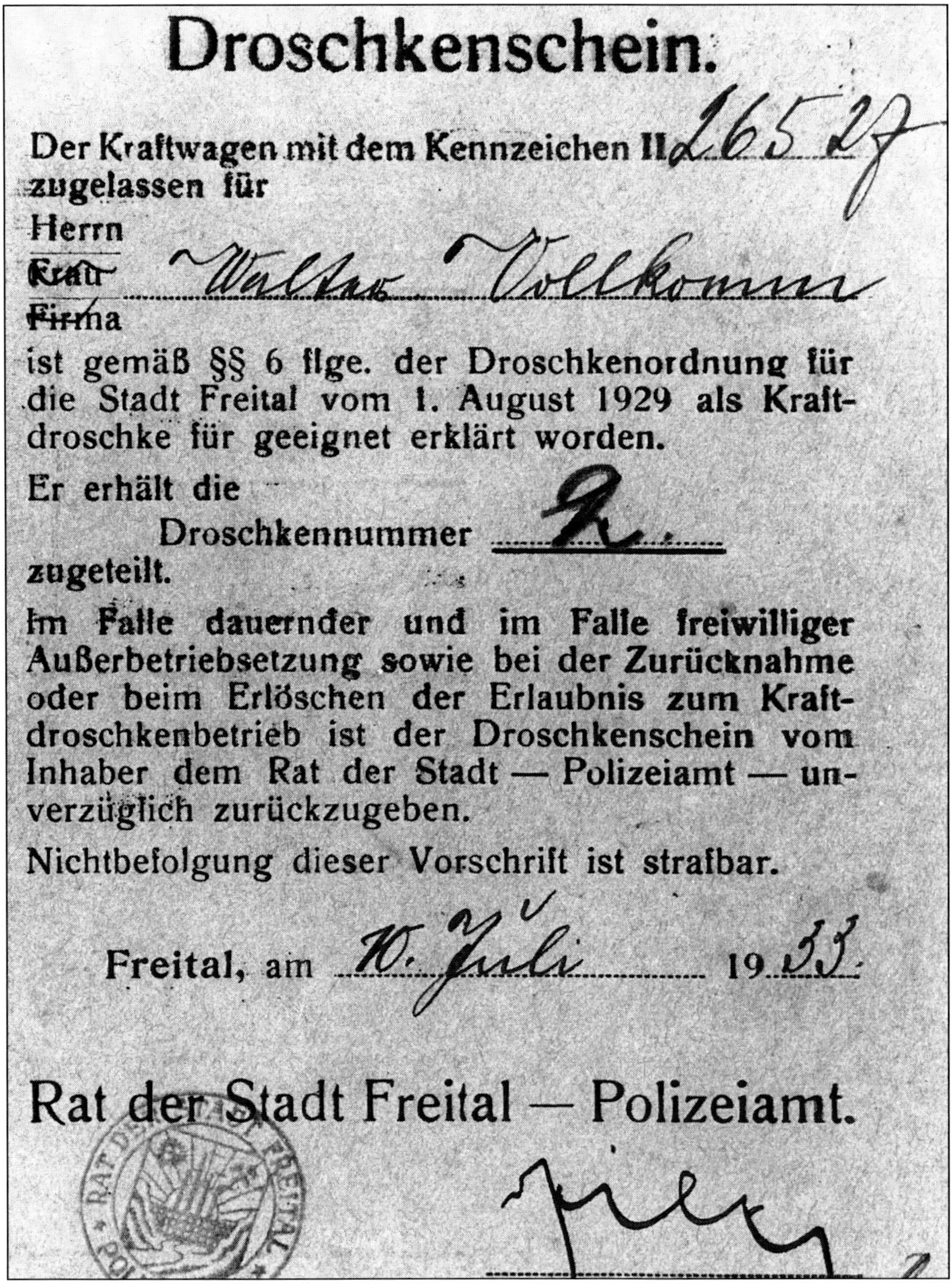

Droschkenschein.

Der Kraftwagen mit dem Kennzeichen II 265 27
zugelassen für
Herrn
~~Frau~~ Walter Vollkommer
~~Firma~~
ist gemäß §§ 6 flge. der Droschkenordnung für die Stadt Freital vom 1. August 1929 als Kraftdroschke für geeignet erklärt worden.

Er erhält die
Droschkennummer 2
zugeteilt.

Im Falle dauernder und im Falle freiwilliger Außerbetriebsetzung sowie bei der Zurücknahme oder beim Erlöschen der Erlaubnis zum Kraftdroschkenbetrieb ist der Droschkenschein vom Inhaber dem Rat der Stadt — Polizeiamt — unverzüglich zurückzugeben.

Nichtbefolgung dieser Vorschrift ist strafbar.

Freital, am 10. Juli 1933.

Rat der Stadt Freital — Polizeiamt.

Zu Beginn des 20. Jahrhunderts war die Dresdner Straße von Pferdefuhrwerken, der elektrischen Straßenbahn, Fahrrädern und Fußgängern geprägt. Für Transportmittel mußten Genehmigungsscheine bei den jeweiligen Gemeindevorständen des Wohnortes beantragt werden. Mit der Gründung der Stadt Freital und der Zunahme der Kraftfahrzeuge übernahm dieses Genehmigungsverfahren das kommunale Polizeiamt.

Die Bemühungen zum Bau einer elektrischen Straßenbahn durch den Plauenschen Grund reichen bis 1895 zurück. Einige hoffnungsvolle Bauetappen zerstörte das verheerende Hochwasser von 1897. Kurz vor 1900 sorgte die Dresdner Aktiengesellschaft „Elektra" für unangenehme Konkurrenz und Bestürzung unter den Geldgebern des Straßenbahnprojektes sowie für Gespött unter der Bevölkerung. Seitens der Amtshaupmannschaft Dresden hatte man eine elektrische Schwebebahn, welche sich an Gittermasten über der Weißeritz fortbewegen sollte, zwischen Dresden und Deuben konzessioniert. Zur Bauausführung kam es niemals.

Mit Ehrengästen vollbesetzt, rollte die erste blumengeschmückte Straßenbahn, versorgt mit Strom des Deubener Elektrizitätswerkes, am 7. Oktober 1902 durch den Plauenschen Grund bis nach Deuben. Bereits 1906 verkehrte die Linie bis Hainsberg.

Im Jahre 1906 richtete die Straßenbahngesellschaft Rollbockverkehr ein. Zwischen dem Albertbahn-Haltepunkt Deuben und der Lederfabrik Sohre bzw. der Egermühle, hier im Bild die Linieneröffnung, konnten so normale Eisenbahnwaggons über das Straßenbahngleis bewegt werden.

Zeitgleich mit dem Beginn des fahrplanmäßigen Straßenbahnverkehrs wurde am 7. Oktober 1902 auch das Straßenbahndepot in Deuben eingeweiht. Am damaligen Endpunkt der Linie gegenüber dem Gasthof „Sächsischer Wolf" nahe der Einmündung der Döhlener Straße in die Dresdner Straße rückten die Straßenbahnwagen ins Depot ein. Die beiden auf dem Foto erkennbaren Triebwagen tragen auf dem Dach jeweils eine Glaskugel. Diese nachts erleuchteten orangefarbenen Kugeln waren das Symbol der anfangs nummernlosen Straßenbahnlinie durch den Plauenschen Grund. Auf dem Gelände des später in Ziegelbauweise errichteten Straßenbahndepots entstand nach weiträumigen Abrißmaßnahmen 2003 der neue Freitaler Busbahnhof.

Anläßlich eines Festumzuges zum 50jährigen Bestehen der Potschappler Lessingschule im Jahre 1925 hatte die Straßenbahn mit Problemen zu kämpfen, da die Straße für den stundenlangen Umzug halbseitig gesperrt wurde.

Die Straßenbahn durch den Plauenschen Grund fuhr unter verschiedenen Linienbezeichnungen, anfangs als 22, nach 1945 auch als Linie 3, 12 und 59 bis zur 1974 erfolgten Ersetzung der Straßenbahn durch Busverkehr. Aufnahme aus dem Jahre 1917.

Die normalspurige Albertbahn zwischen Dresden und Tharandt verkehrte seit 1855. Ursprünglich als Kohlenbahn konzipiert, wurde zugleich mit der Personenbeförderung begonnen. Da die Waggons fensterlos und ohne Sitzplätze im Zugverband mit Kohlenwagen verkehrten, war das Fahrgastaufkommen gering. Seit 1864 mit Waggons vierter Klasse, ausgestattet mit Holzbänken und Lüftungsklappen, und seit 1885 als separate Personenzüge mit zahlreichen Haltepunkten wuchsen die Personenbeförderungszahlen stetig. Diese Aufnahme von etwa 1885 zeigt die um 1855 erbaute Lokomotive „Glückauf“ mit 2,7 t Zugkraft und 45 km/h Höchstgeschwindigkeit. Das Foto entstand kurz vor der Ausmusterung der Lokomotive.

Der alte Deubener Haltepunkt war mit Wartesaal und Restaurant ausgestattet. Die Straße kreuzte niveaugleich und unbeschrankt das Eisenbahngleis, um 1900.

Der Deubener Interimsbahnhof wurde mit der Hochlegung der Eisenbahn im Jahre 1905 für kurze Zeit in Betrieb genommen. Bald darauf wurde der noch heute benutzte Bahnhof gebaut.

Eine weitere normalspurige Kohlenbahn verließ bei Potschappel das Gleis der Albertbahn und führte seit 1857 nach Niederhermsdorf, um die Kohlen des Königlichen Steinkohlenwerkes Zauckerode preiswert zu transportieren. Aufgrund zahlreicher Petitionen wurde diese Strecke ab 1886 nach Wilsdruff weitergeführt, um die dortigen Gewerbebetriebe an das Eisenbahnnetz anzuschließen. Die Verlängerung der Trasse nach Wilsdruff erfolgte als Schmalspurbahn, weshalb bis Niederhermsdorf in das normalspurige Gleis ein drittes schmalspuriges eingelegte wurde. Die Aufnahme zeigt die Gleisbaumaßnahmen am Sauberg-Massiv in den Jahren von 1902 bis 1904.

Dieser Zugverband befuhr die vom Potschappler Bahnhof abzweigende, bis 1972 betriebene Schmalspurlinie nach Wilsdruff auf der Trasse nahe Niederhermsdorf, an der heutigen Straßenkreuzung zum dortigen Wohnpark, um 1900.

Auch die Bahnlinie Potschappel – Wilsdruff blieb von Unglücken nicht verschont. Die Aufnahme zeigt ein spektakuläres Ereignis des Jahres 1935, wobei nahe von Wurgwitz ein Viadukt brach und eine Lokomotive entgleiste.

Zur Anbindung der Industrien um Schmiedeberg sowie zur Bewältigung des zunehmenden Personenverkehrs wurde 1882 die Schmalspurbahn Hainsberg – Kipsdorf gebaut. Im Bild die Trassierung der Strecke an der Rabenauer Mühle.

An einigen Passagen quert die bis heute wegen ihrer Dampflokbespannung beliebte und gern genutzte Weißeritztalbahn den Wanderweg im Rabenauer Grund unbeschrankt, 1887.

Das fürchterliche Hochwasser des Sommers 1897 hatte auch die Gleisanlagen der Kleinbahn im Rabenauer Grund ausgeschwemmt. Besonders im Bereich des Zusammenflusses von Roter und Wilder Weißeritz bei Hainsberg waren die Schäden durch die Wucht der gewaltigen Wassermassen enorm. Die erste Fahrt nach der Wiederherstellung der Schmalspurtrasse, hier im Foto, wurde deshalb um so erfreuter eingeläutet.

Auf der seit 1856 in Betrieb befindlichen Kohlenzweigbahn namens Windbergbahn rangierte die Lok „Burgk“ nahe der Station Niedergittersee einen 10-Tonnen-Albertbahn-Waggon, 1889.

Die Trasse der Windbergbahn im dünnbesiedelten Terrain von Birkigt und Neucoschütz zeigt diese Aufnahme von etwa 1900. Eine Wölbschleuse regulierte den Wasserzulauf zu den Finkenmühlteichen.

Diese interessante Aufnahme von etwa 1901 zeigt die Dresdner Straße während des Verlegens der Straßenbahnschienen nahe des Ortsausganges. Links im Hintergrund sind schemenhaft die Gebäude des Eisenhammerwerkes mit dem turmartigen ersten sächsischen Kokshochofen von 1842 zu erkennen. Der Verkehr der Dresdner Straße wird nur durch Schranken geregelt, die Eisenbahntrasse kreuzt ebenerdig. Noch bis 1905 stellte diese Schranke eines der größten Verkehrshindernisse im Plauenschen Grund dar. Der stetig wachsende Zugverkehr ließ immer kleinere Lücken für den Fuhrwerks- und später Straßenbahnverkehr. Erst durch die 1905 erfolgte Höherlegung der Eisenbahntrasse konnte das Problem gelöst werden.

Die steil aufsteigende und kurvenreiche Trasse der Windbergbahn gilt bis heute als ingenieurtechnische Meisterleistung. Diese Aufnahme von 1868 zeigt die Lok „Elbe“ mit einem 5-Tonnen-Kohlenwaggon auf Niedergitterseer Flur.

Nach Einstellung der Förderung des Segen-Gottes-Schachtes der Freiherrlich von Burgker Steinkohlenwerke im Jahre 1916 wurde das zum Schacht führende Stichbahngleis der Windbergbahn rückgebaut, 1920.

Infolge des Förderrückganges der Steinkohlengruben ging auch das Stückgutaufkommen der Windbergbahn zurück. Das Foto zeigt die Lok „Mozart", die am 21. Dezember 1907 mit der ersten Regelfahrt von Dresden-Hauptbahnhof nach Hänichen den Personenverkehr der Windbergbahn eröffnete.

Bis 1957 verkehrte die liebevoll „Possendorfer Heddel" genannte Windbergbahn mit Personenverkehr. Die Aufnahme von etwa 1930 zeigt die typische Zugformation mit Dampflok BR 98, Packwagen und Aussichtswagen.

5

Vom „Roten Wien an der Weißeritz“

Zahlreiche Spottkarten, wie diese vom Potschappler Stolle-Verlag, kursierten in den Jahren der Stadtwerdung. Den Anfeindungen der verschiedensten politischen und gesellschaftlichen Gruppierungen zum Trotz entschieden sich die Gemeinderäte von Deuben, Döhlen und Potschappel für eine Stadtgründung unter „Revidierter Stadtordnung“. Am 1. Oktober 1921 trat die junge Stadt mit dem symbolträchtigen Namen Freital in den Lauf der Geschichte ein.

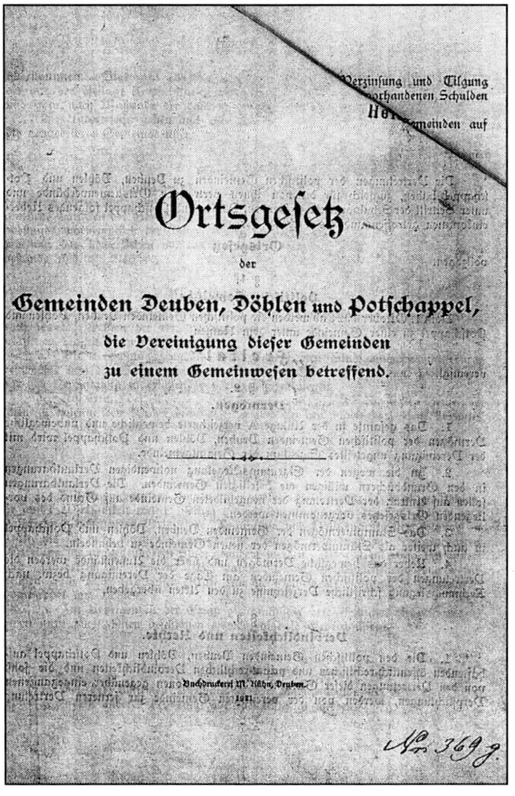

Das Ortsgesetz vom 31. März 1921, welches im Juni des gleichen Jahres genehmigt wurde, regelte die vereinigungsbedingten gemeinsamen Verwaltungsaufgaben der ehedem drei Einzelgemeinden.

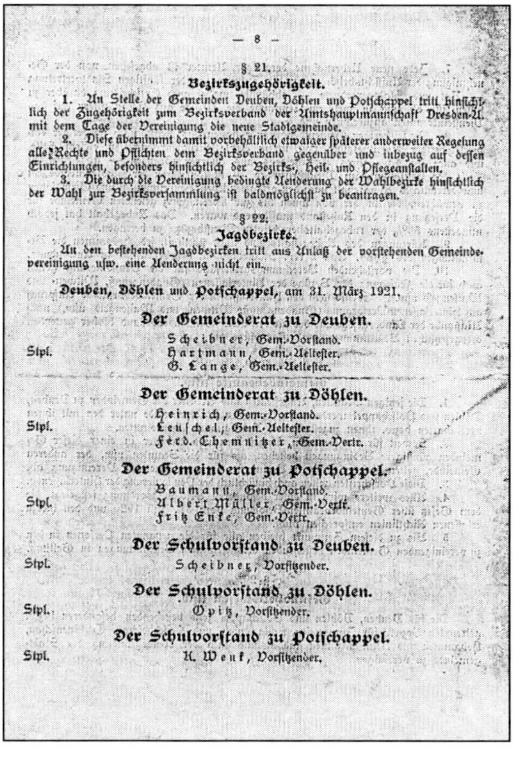

— 8 —

§ 21.

Bezirkszugehörigkeit.

1. An Stelle der Gemeinden Deuben, Döhlen und Potschappel tritt hinsichtlich der Zugehörigkeit zum Bezirksverband der Amtshauptmannschaft Dresden-A. mit dem Tage der Vereinigung die neue Stadtgemeinde.

2. Diese übernimmt damit vorbehältlich etwaiger späterer anderweiter Regelung alle Rechte und Pflichten dem Bezirksverband gegenüber und inbezug auf dessen Einrichtungen, besonders hinsichtlich der Bezirks-, Heil- und Pflegeanstalten.

3. Die durch die Vereinigung bedingte Aenderung der Wahlbezirke hinsichtlich der Wahl zur Bezirksversammlung ist baldmöglichst zu beantragen.

§ 22.

Jagdbezirke.

An den bestehenden Jagdbezirken tritt aus Anlaß der vorstehenden Gemeindevereinigung usw. eine Aenderung nicht ein.

Deuben, Döhlen und **Potschappel,** am 31. März 1921.

Der Gemeinderat zu Deuben.

Stpl. Scheibner, Gem.-Vorstand.
Hartmann, Gem.-Aeltester.
G. Lange, Gem.-Aeltester.

Der Gemeinderat zu Döhlen.

Stpl. Heinrich, Gem.-Vorstand.
Leuschel, Gem.-Aeltester.
Ferd. Chemnitzer, Gem.-Vertr.

Der Gemeinderat zu Potschappel.

Stpl. Baumann, Gem.-Vorstand.
Albert Müller, Gem.-Vertr.
Fritz Enke, Gem.-Vertr.

Der Schulvorstand zu Deuben.

Stpl. Scheibner, Vorsitzender.

Der Schulvorstand zu Döhlen.

Stpl. Opitz, Vorsitzender.

Der Schulvorstand zu Potschappel.

Stpl. K. Wenk, Vorsitzender.

Die verschiedenen Varianten des Haushaltsplanentwurfes, wie auch die des Ortsgesetztextes hatten mehrfach amtshauptmannschaftliche Ablehnung aus Dresden erfahren und verzögerten so die Stadtwerdung.

Die Kontinuität der Ziele der sozialdemokratischen Stadt am Fuße des Windberges und die der eng damit verbundenen Persönlichkeiten läßt sich anhand dieser Aufnahme des ersten Stadtparlamentes nachvollziehen. Dr. Carl Wedderkopf, achter von links in der ersten Reihe, wurde kurz nach Stadtgründung Bürgermeister, später Oberbürgermeister Freitals und bestimmte maßgeblich die Anfangsjahre der Stadt. Rechts von Dr. Wedderkopf ist Martin Scheibner, einst Gemeindevorstand von Deuben und als solcher maßgeblich an der Stadtwerdung beteiligt, zu sehen. Seiner Korrektheit und Fachkompetenz als Dezernent war während der Zeit des Nationalsozialismus unter oft wechselnden Oberbürgermeistern eine sachliche, korrekte Arbeit in den Freitaler Rathäusern zu danken. Dezernent Scheibner übergab, nachdem die meisten Beamten bereits geflohen waren, am 8. Mai 1945 die Stadt widerstandslos an die Rote Armee und übernahm in den Folgemonaten wiederum kommunale Aufgaben. Die unmittelbare Nachkriegszeit wurde vom Sachverstand Karl Wenks, sechster von rechts in der zweiten Reihe, anfänglich als Dezernent unter Oberbürgermeister Arno Hennig, in dessen Nachfolge von 1946 bis 1950 als Oberbürgermeister bestimmt.

Am 1. Oktober 1921 wurde die junge Stadt mit Fanfarenspiel, Glockengeläut und sportlichen Wettkämpfen in bester Arbeiter-Turner-Tradition begrüßt. Ein Lokalpatriot der besonderen Art, Johannes Lange, erdachte diese Hymne. In der Nacht zum 1. Oktober wurde im Potschappler „Bürgercasino" der „Freitaler Marsch" eines anderen Komponisten uraufgeführt und frenetisch gefeiert.

Zum Bürgermeister der Stadt am Fuße des Windberges wurde, nach dem Amtieren des ehemaligen Potschappler Gemeindevorstandes Baumann, am 16. März 1922 Dr. Carl Wedderkopf gewählt. Mit Beginn des Monats Mai trat er in seine Dienstgeschäfte im Rathaus Döhlen ein. Als am 1. April 1924 Freital in Folge weiterer Verselbständigung aus dem Bezirksverband ausschied, erhielt die Stadt nicht nur größere finanzielle Kompetenzen, sondern auch das Recht, einen Oberbürgermeister einzusetzen. Bereits zu jener Zeit plagten Oberbürgermeister Wedderkopf gesundheitliche Probleme, welche sich bis 1926 derart verschärften, daß er um frühzeitige Pensionierung bat. Das größte Verdienst von Wedderkopf war die Zusammenführung der drei Einzelverwaltungen zu einer funktionierenden, ökonomisch orientierten Stadtverwaltung. Unter sparsamster Finanzverwaltung gelang ihm die Konsolidierung des städtischen Etats trotz geringen Steueraufkommens und Inflation. Den Traum von einem repräsentativen Stadtzentrum am Neumarkt konnte er weder während seiner Amtszeit verwirklichen, noch gelang es seinem Nachfolger Klimpel. 1924.

Einladung.

Zu unserer

Stadtgründungs-Feier

bestehend in Festrede (Herr Pfarrer Eckelmann über: Freital, Bilder aus der Vergangenheit bis zur Gegenwart), Gesänge des Lehrergesangvereins, Musikvorträge des verstärkten Beamtenorchesters sowie Tanzvergnügen laden wir für

Sonnabend, den 8. Oktober 1921 abends pünktl. 7 Uhr

alle unsere geehrten Mitglieder nebst Angehörige in den

Gasthof „Döhlener Hof“

höflichst ein. Eintritts- und Tanzgeld wird nicht erhoben. Mitgliedsausweis durch Vorlegung der letzten Steuerquittung erbeten.

Mit herzlichen Bundesgruß!

Ortsgruppe Plauenscher Grund
des Deutschen Beamtenbundes.
Der Vorstand.

Alle gesellschaftlichen Vereinigungen feierten die Gründung der Stadt im Plauenschen Grunde. Oft war eine organisatorische Neuordnung der Mitglieder nötig, um die Strukturen in einheitliche städtische Hierarchien zu überführen.

Am 7. Mai 1923 wurde durch Beschluß des Stadtrates ein Städtisches Museum ins Leben gerufen, welches bald darauf im Gebäude des Steuer- und Zollamtes, heute an der Ecke Dresdner Straße/Schachtstraße, den Besuchern offenstand.

Die Freitaler Stadtverwaltung der drei vereinigten Gemeinden bezog das zentral gelegene Döhlener Rathaus als Hauptverwaltungssitz. Die Aufnahme zeigt das Ratssitzungszimmer um 1924.

Aufgrund seiner Größe und Repräsentanz wurde das Döhlener Rathaus, im Bild das Sitzungszimmer, für die wichtigsten kommunalen Aufgabenbereiche, die Rathäuser Deuben und Potschappel als Verwaltungsnebenstellen ausgewählt, um 1924.

Die Inflation des Sommers 1923 entwickelte sich zur ersten großen Herausforderung der jungen Stadt. Das Foto zeigt die Gebäude der Dresdner Geldscheindruckerei Pässler und davor Freitaler Finanzbeamte in Erwartung des Notgeldes.

Der erste und niedrigste Freitaler Notgeldschein erschien im August 1923. Kurz vor der Währungsstabilisierung im Herbst des gleichen Jahres gab die Stadt Freital bereits eigene 100-Milliarden-Scheine heraus.

Die enorme Geldentwertung des Jahres 1923 wurde innerhalb der Stadtverwaltung unter geschickter Ausnutzung der bankmäßigen Möglichkeiten und durch weitsichtige vermögensbildende Maßnahmen zur weiteren Finanzkonsolidierung genutzt. Nicht unerheblichen Anteil an dieser Entwicklung hatte die Entscheidung zur Herausgabe eigenen Notgeldes. Diese Aufnahme zeigt Stadthauptmann Beyer und Sekretär Frauenstein im Freitaler Notgeldbunker.

Die örtlichen Gemeindefeuerwehren schlossen sich per 1. Oktober 1921 zur Städtischen Feuerwehr-Kompagnie zusammen. Die Aufnahme von 1927 zeigt die 31 PS starke sogenannte Mobile Autospritze mit 800 Litern Löschleistung pro Minute.

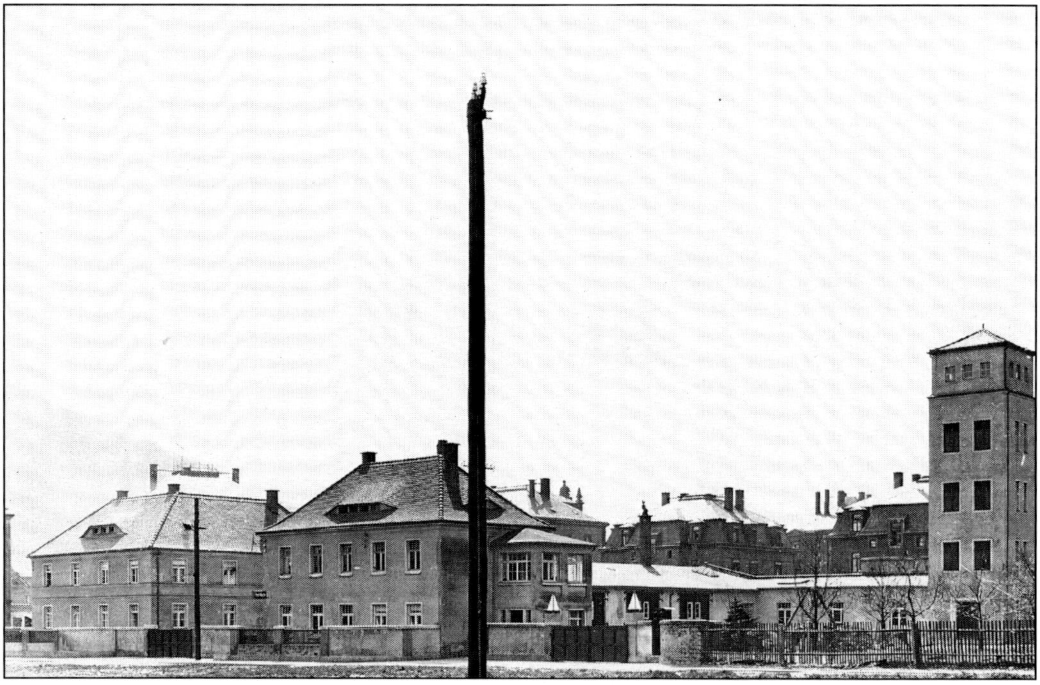

Mit der 1923 in Betrieb gegangenen elektrischen Feuermeldeanlage entstand ein Fahrzeugdepot, heute in der Straße Am Glaswerk, mit Gerätehäusern und Schlauchturm, wie dieses Foto von 1927 zeigt.

Der Fahrzeugpark der Freitaler Feuerwehr war hochmodern ausgestattet. Bei Großbränden rückte zusätzlich der mit 4000-Liter-Tank und Rotationspumpe ausgerüstete Straßenreinigungs-Motorwagen aus, 1927.

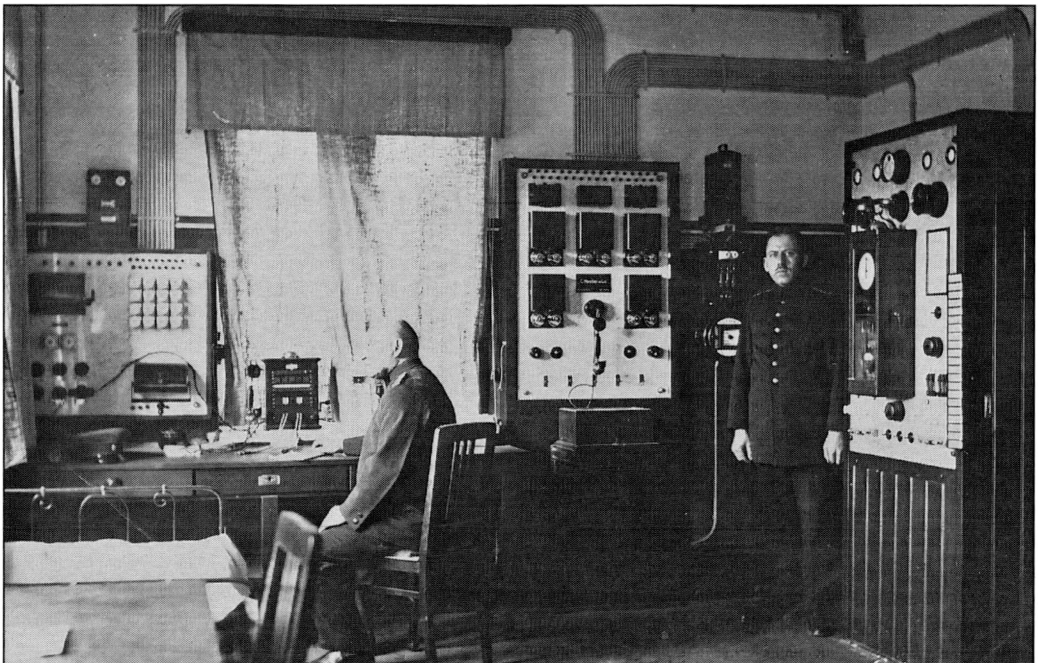

Die zentrale Leitstelle der Feuermeldeanlage befand sich im Kraftwerk Deuben, wo 40.000 m Freileitung, 75 Wohnungsmelder, 20 Feuermelder und unzählige Kleinfeuermeldeanlagen zusammenliefen, 1927.

Auf den Brachflächen der Reichardschen Chemiefabrik errichtetete die Stadt Freital 1927 dieses sogenannte Jugendheim. Es wurde bei der Bebauung mit Genossenschaftswohnhäusern in den 1930er Jahren nach der Rotkopf-Görg-Straße umgesetzt, ehemals „Rotkopf-Görg-Gaststätte".

Zur Beseitigung des Freitaler Wohnnot entstanden zahlreiche städtische Wohnungen, wie z.B. die Raschelbergsiedlung. Die Aufnahme von 1940 zeigt die Leisnitz-Siedlung, welche 1932 aus Mitteln der sogenannten Produktiven Erwerbslosenfürsorge entstand.

Der seit Herbst 1927 bestehende Wunsch nach Anlage einer städtischen Zentralwäscherei traf auf erheblichen Widerstand von bürgerlichen Kräften, Waschmittelproduzenten und Böttchereien. Das Stadtparlament entschied sich allen Anfeindungen zum Trotz und im Sinne der zahlreichen Arbeiterfamilien für einen Wäschereibau in der Deubener Straße. Im Jahre 1928 begann Waschmeister Arno Weise unter wahrem Kundenansturm, noch befördert durch einen Werbefilm, den Betrieb der Dampfwäscherei mit einem Freilufttrockenplatz, Plätterei und Gardinenspannerei. Die Wäscherei wurde im Jahre 1936 privatisiert.

Die Städtische Jugendzahnklinik in der heutigen Lesskestraße gehörte zur Gesundheitsfürsorge und ermöglichte geringer verdienenden Eltern, ihre Sprößlinge regelmäßig kostenlos zahnärztlich untersuchen zu lassen, 1924.

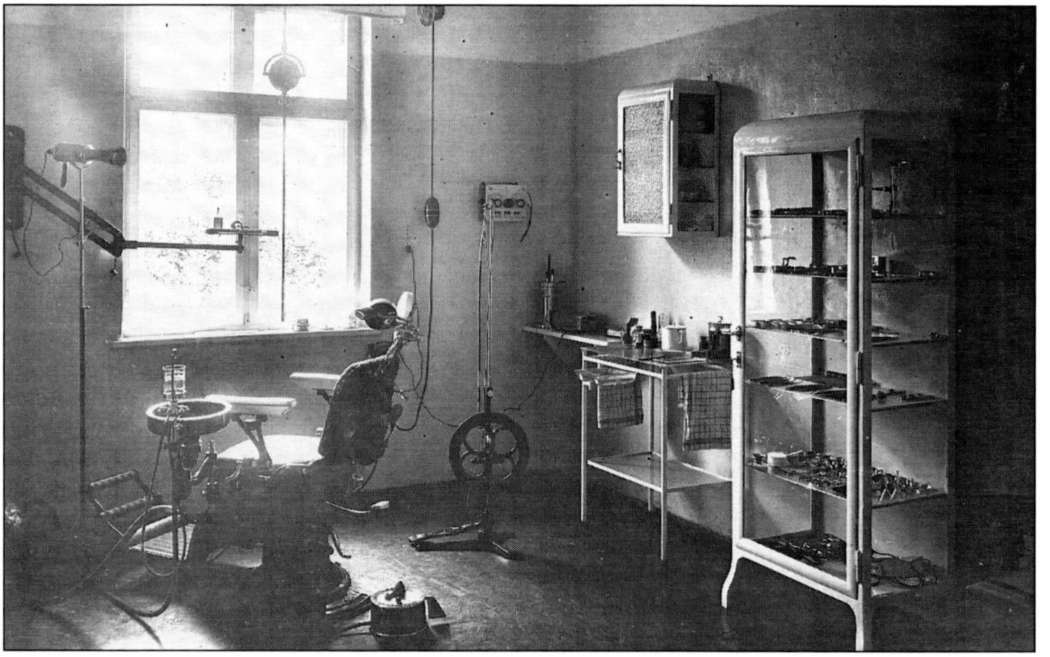

Die noch heute erhaltene Zahnklinik, hier das Innere um 1923, wurde von einem Städtischen Jugendzahnarzt und zwei Assistentinnen hauptamtlich geführt und besaß auch einen Operationssaal.

Gustav Klimpel (1891–1956) war maßgeblich am Aufbau der „Sozialdemokratischen Musterkommune Freital" und deren Wohlfahrtssytem beteiligt sowie als glänzender Kommunalpolitiker weit über Sachsens Grenzen bekannt. Seit 1923 gehörte er trotz seines jugendlichen Alters als Dezernent für Wohlfahrt und Fürsorge, seit 1924 als Bürgermeister der Stadtverwaltung an. Bereits seit Mitte der zwanziger Jahre vertrat er den gesundheitsbedingt oft fehlenden Oberbürgermeister Wedderkopf, zu dessen Nachfolger er 1927 mit großer Stimmenmehrheit gewählt wurde. In den Jahren 1931/32 trat Klimpel mehrfach erfolglos zu den Oberbürgermeisterwahlen einiger größerer deutscher Städte an. Dem einzigen Wahlsieg Klimpels in Brandenburg folgte aus politischen Gründen seinerseits kein Amtsantritt und Klimpel blieb in Freital. Er wurde trotz seines 1933 erfolgten SPD-Austrittes als einer der letzter hohen Beamten der früheren sozialdemokratischen Führungsriege Freitals im März 1934 von den Nationalsozialisten aus der Stadtverwaltung entfernt. Nach dem Ende des Zweiten Weltkrieges arbeitete er erfolgreich in der Kommunalpolitik im Westen Deutschlands und kehrte nie nach Freital zurück.

Die Walderholungsstätte „Wettingrund" wurde 1909 zur Pflege gesundheitlich geschädigter Arbeiter gegründet. Während des Ersten Weltkrieges wurde sie als Militärlazarett genutzt und nach 1921 durch die Stadt übernommen. 1914.

Das Gebäude im Wettingrund wurde zum „Baumann-Waisenheim" für elternlose Kinder umfunktioniert. Nach 1945 zum Städtischen Altenheim umgewandelt, verschwand es in den fünfziger Jahren aufgrund von bergbaulichen Aktivitäten.

Nach dem Inflationsjahr 1923 war im Plauenschen Grunde die angespannte Lage unter den sozial benachteiligten Bevölkerungsschichten in dramatische Verhältnisse übergegangen. Ohne Arbeit, die Ersparnisse durch Währungsentwertungen verloren, standen viele Familien vor dem persönlichen Bankrott. Die Zahl der Fürsorgeberechtigten wuchs sprunghaft. Die Stadtverwaltung richtete in den Stadtteilen Wohlfahrtsküchen ein. Betreut wurden diese Küchen vom Herbst 1923 bis ins Frühjahr 1924 in unentgeltlicher Tätigkeit durch Mitglieder des Arbeiter-Wohlfahrtsausschusses. Das Foto zeigt Gustav Klimpel in der Mitte einiger Damen und Herren des Ausschusses. Klimpel, vierter von links in der ersten Reihe, war zu jenem Zeitpunkt noch Dezernent des Wohlfahrtsamtes, zu dem etwa 100 ehrenamtliche Mitarbeiter und einige hauptamtliche Beamte zählten. Seit dem 1. Juni 1924 gab das Amt die viel beachtete Zeitung „Das Wohlfahrtswesen der Industriestadt Freital" heraus.

In der Potschappler Schule war der Arbeiter-Wohlfahrtsausschuß regelmäßig von den frühen Morgenstunden an beschäftigt, um die kostenlosen Essenportionen für die Bedürftigen zuzubereiten, 1923.

Diese Damen waren in der Küche der Schillerschule mit der Vorbereitung des warmen Mittagessens für Wohlfahrtsempfänger beschäftigt. Im gesamten Stadtgebiet wurden fünf Küchen mit 15 Kochkesseln zu diesem Zweck betrieben, 1923.

Als zentrale städtische Aufgabe wurde der Krankenhausneubau betrachtet. Die Aufnahme von 1929 zeigt das aus zwei Wohngebäuden mit Zwischenbau geschaffene Krankenhaus an der Wehrstraße.

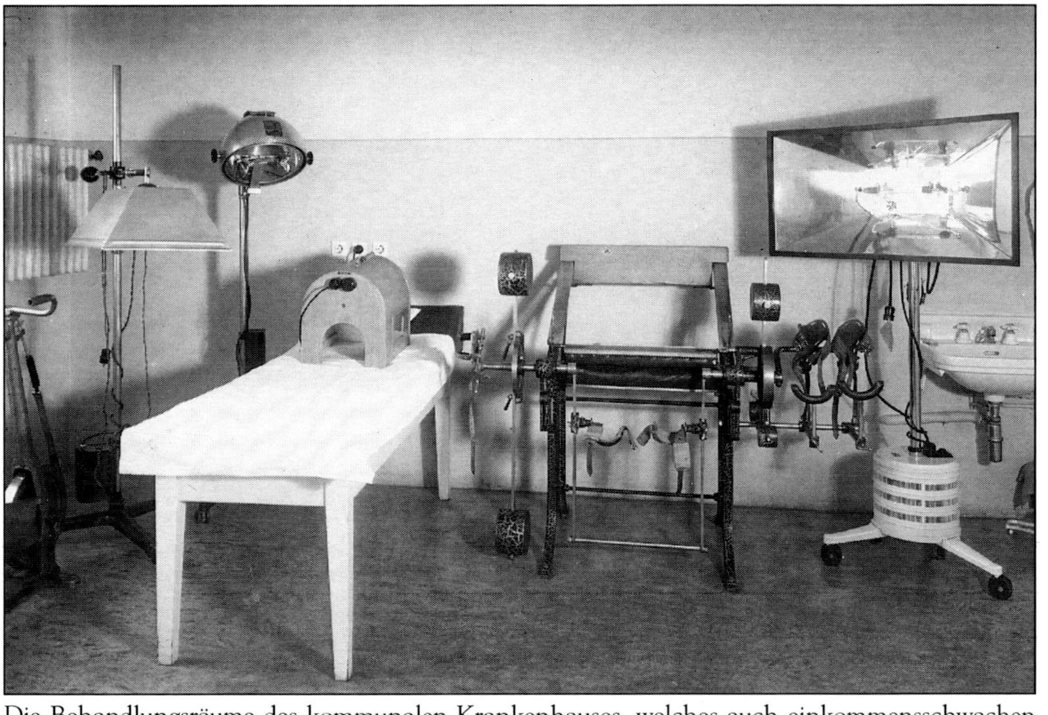

Die Behandlungsräume des kommunalen Krankenhauses, welches auch einkommensschwachen Patienten offenstand, wurden nach dem neuesten Stand der Medizintechnik eingerichtet. Hier ein Foto des Bestrahlungszimmers aus dem Jahre 1929.

Das Gebäude des Städtischen Gesundheitsamtes war 1914 als erste Gendarmeriestation des Plauenschen Grundes zur Abwehr der wachsenden politischen Kampfkultur der Arbeiterschaft errichtet worden. Mit seinem Gesundheitsamt verfügte Freital als einzige Stadt Sachsens über eine zentrale Anlaufstelle für Kinder- und Jugendfürsorge, Krankenfürsorge und Gesundheitspolizei. Dadurch wurde eine lückenlose Betreuung aller gesundheitspolitischen Belange vor allem der ärmeren, nicht kassenversicherten Bevölkerungsteile ermöglicht. Nicht zuletzt war diese hervorragende Gesundheitspolitik in Verbindung mit dem beachtlichen Fürsorgewesen der Grund für Freitals Beinamen „Rotes Wien an der Weißeritz". Um 1924.

In Anerkennung der hervorragenden Sozialpolitik der jungen Stadt besuchte eine Kommission von Medizinalbeamten des Völkerbundes, der Vorgängerorganisation der UNO, am 18. Oktober 1927 Freital. Diese Ärzte weilten auf einer Studienreise zwischen dem 19. September und 3. November in Deutschland und repräsentierten viele Nationen der Welt, wie Argentinien, Belgien, Estland, Frankreich, Japan, Polen, die Sowjetunion und die USA. Die Kommission wurde in Freital durch Oberbürgermeister Klimpel begrüßt und nach einem Vortrag von Stadtmedizinalrat Dr. Wolf zur Organisation der Gesundheitsfürsorge durch Kinderheime, Poliklinik und Fürsorgestellen geführt.

Die Ansicht des unbebauten Neumarktes, für den es seit 1924 ehrgeizige städtische Bebauungspläne gab, zeigt am linken Bildrand bereits den Baubeginn des Freitaler Finanzamtes im Jahre 1927.

Das Gebäude der Allgemeinen Ortskrankenkasse entstand 1927 nahe des Neumarktes. Da die sozialen Abgaben stiegen, die Kassenleistungen aber zurückgingen, war der Bau unter den Abgeordneten, Gewerbe- und Handeltreibenden Freitals umstritten.

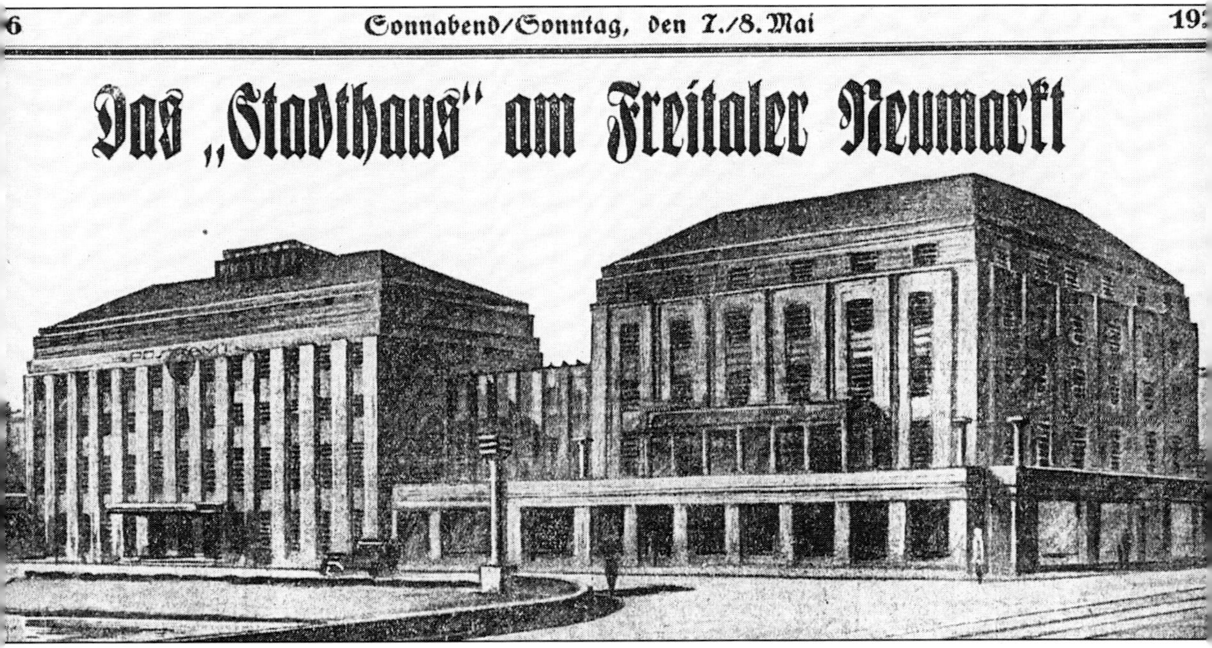
6 Sonnabend/Sonntag, den 7./8. Mai 19

Das „Stadthaus" am Freitaler Neumarkt

Seit der Stadtgründung stand die Schaffung eines einheitlichen Stadtzentrums zur Diskussion. Besonders durch Oberbürgermeister Wedderkopf befördert, entstanden Projekte und Modelle unter Federführung des Dresdner Architekten Bitzan, der bereits das Döhlener Rathaus schuf. Im April 1927 wurden die Pläne durch richtungsweisende Beschlüsse des Stadtrates nach heftig geführten Debatten in die Tat umgesetzt. Die Bebauung des Neumarktes war mit einem Volumen von 420.000 RM bewilligt worden. Aufwendige Wandelgänge, Garten- und Teichanlagen in den Entwürfen aus dem Jahre 1924 wurden wesentlich verringert. Am Bau eines Städtischen Krematoriums und des Zentralpostamtes (das linke Gebäude) wollte man jedoch festhalten. Im sogenannten Stadthaus (das rechte Gebäude) sollten neben dem Kölner Kaufhaus „E.H.P." vier Spezialärzte angesiedelt werden. Für wohlhabende Freitaler, deren Wegzug aus steuerpolitischen Gründen entgegengewirkt werden sollte, war der Bau von zehn Luxuswohnungen im Stadthaus vorgesehen.

Der Bitzansche Vorschlag des Zentralfriedhofes mit Krematorium, im rechten Vordergrund als Zufahrt die heutige Leßkestraße mit der Weißeritzbrücke, betonte die atheistische kommunale Totenbestattung der sozialdemokratisch geführten Stadt, 1924.

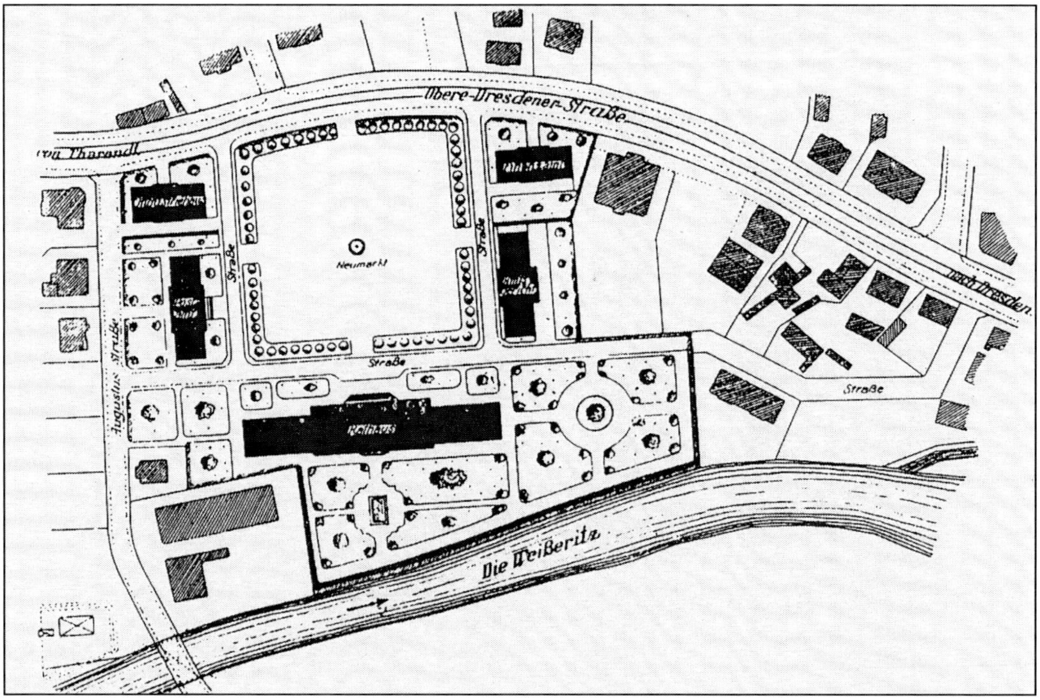

Die Zeichnung von 1924 zeigt die Neumarktbebauung im ersten, an barocke Schloßanlagen erinnernden Projekt mit großem Rathaus an der Weißeritz, repräsentativen Amtsgebäuden, Wandelgängen und weitläufigen Gartenanlagen mit Springbrunnen.

Der Baubeginn am Neumarkt mit dem sogenannten Stadthaus im Sommer 1927 war erfolgversprechend. Die Finanzierung dieses kommunalen Bauvorhabens durch Bankanleihen war von Beginn an durch den Stadtrat nicht gutgeheißen worden. Die zusätzliche Verschuldung des „Roten Wien an der Weißeritz" nahm durch diesen Repräsentationsbau und die zuvor errichteten zahlreichen städtischen Wohnsiedlungen immens zu. Zugleich stieg die Zahl der Erwerbslosen und Fürsorgeempfänger. Der vorhersehbare finanzielle Zusammenbruch von Freitals hochgelobtem Wohlfahrtssystem erfolgte in Etappen bis 1932. Der bis heute unbebaute Neumarkt steht stellvertretend für die an den historischen Umständen gescheiterten Träume der sozialdemokratischen Gründer der Stadt am Fuße des Windberges.

Leben in der Großstadt …

Tauchen Sie ein in das quirlige Großstadtleben vergangener Tage. Spazieren Sie über breite Boulevards und stürzen Sie sich ins Nachtleben. Erkunden Sie ihre Stadt durch die Fensterscheiben einer Straßenbahn oder des ersten Käfers und bewundern Sie prächtig geschmückte Schaufenster.

… und ländliche Idylle
Wie sah das Leben in Ihrer Heimat aus, als die Bauern noch mit Pferden pflügten und jedes Dorf seinen eigenen Schmied hatte, jeder noch jeden kannte und das Leben sich zwischen Kirche, Wirtshaus und Wohnküche abspielte?

Erinnerungen an die Schulzeit …

Erinnern Sie sich noch an die Zeiten von Abakus und Schiefertafel, an Klassenausflüge oder den ersten Taschenrechner? Blicken Sie zurück auf große Klassen und gestrenge Schulmeister, entdecken Sie auf Klassenfotos Freunde und Bekannte von früher!

… und das Arbeitsleben

Entdecken Sie, wie sich das Arbeitsleben in den letzten hundert Jahren verändert hat. Werfen Sie einen Blick in Fabrikhallen, blicken Sie Handwerksmeistern bei ihrer Arbeit über die Schulter und erinnern Sie sich an den Einkauf im Tante-Emma-Laden.

Gesellige Stunden im Verein ...

Fußballclub und Schützenverein, Musikkapelle und Gesellenverein: Schauen Sie zurück auf Volksfeste und Turniere, Chorproben oder Prunksitzungen. Erinnern Sie sich an schöne Stunden und das gesellschaftliche Leben in Ihrer Heimat.